Droemer
Knaur®

Liselotte Schwiers

Das Paradies liegt in Pommern

Droemer Knaur

CIP-Titelaufnahme der Deutschen Bibliothek

Schwiers, Liselotte:
Das Paradies liegt in Pommern / Liselotte Schwiers. --
München: Droemer Knaur, 1989
ISBN 3-426-19263-2

Umschlaggestaltung: Agentur ZERO, München
unter Verwendung eines Fotos der Autorin.
Satzarbeiten: Ludwig Auer GmbH, Donauwörth
Druck und Bindearbeiten: Spiegel GmbH, Ulm
Printed in Germany
ISBN 3-426-19263-2

2 4 5 3 1

Vorwort

Diese Erinnerungen an ihre Kinderzeit und ihre Jungmädchenjahre auf einem Rittergut in Hinterpommern sowie an den Schulhaushalt in der Stadt Kolberg schrieb in späten Jahren eine Mutter für ihre erwachsenen Kinder und Enkel auf. Sie las Abschnitte daraus Bekannten und Freunden vor, die so angetan davon waren, daß sie für eine Veröffentlichung sorgten.

Der Titel mag einigen Lesern zu hoch gegriffen erscheinen. Doch diese Erinnerungen überliefern alte Bräuche und Sitten der Heimat, sie erzählen die Geschichte eines kraftvollen Lebens. Unberührt von Krieg und Zerstörung, konnten sie bewahrt werden und für die Nachgeborenen, die solch glückhafte Zeiten nicht mehr erlebten, eine Brücke schlagen zum Land ihrer Ahnen.

Lutz Schwiers

Maikäfer, flieg!
Der Vater ist im Krieg.
Die Mutter ist in Pommerland,
Pommerland ist abgebrannt.
Maikäfer, flieg!

Wie oft haben wir als Kinder fröhlich dieses Liedchen gesungen, ohne über den traurigen Sinn nachzudenken. Später erzählte uns der Lehrer von der Zeit des Dreißigjährigen Krieges, als die Schweden Pommern brandschatzten und viele Kirchen und mit ihnen die Kirchenbücher verbrannten, so daß mancher nicht wußte, wer seine Vorfahren waren. Aber das war lange her, Hunderte von Jahren ...

Das große Rittergut in Hinterpommern mit seinem weißen, von alten Bäumen überschatteten Herrenhaus, davor der weite Hof, an dem die Ställe lagen, ringsumher die Wiesen, Weiden und Wälder – das war unsere Welt, unerschütterlich und festgefügt wie die dicken Mauern unseres Hauses. In ihm waren wir geboren und geborgen, und mit seinen vielen Zimmern war es das Gehäuse, das unsere Kinderzeit behütete.

Wir waren vier Geschwister, Kurt, der Älteste, und ich waren die »beiden Großen«, Heiner und Jutta die »beiden Kleinen«.
Mit sechs Jahren wurden Kurt und ich von unseren Eltern in die Schule des nahen Dorfes geschickt. Lehrer Glas sah aus, wie wir uns Jesus vorstellten: mit langen Haaren, einem schönen braunen Bart um das Kinn und sanften braunen Augen.
Er war ein Dichter, einer von den »Stillen im Lande«, wie Vater sagte. Drucken ließ er nie etwas. Man spottete: Der Ruhm seines Bruders, der einmal ein Buch geschrieben hatte, lasse ihn nicht schlafen. Aber Lehrer Glas lächelte nur und blieb immer sanft und freundlich.
Ich erinnere mich an viele Spaziergänge mit ihm und seiner ebenso sanften und stillen Frau. Im Frühling und Sommer wanderten wir durch die Wälder, im Spätherbst und Winter oder bei schlechtem Wetter lud Vater Herrn Glas und seine Frau ins Gutshaus ein. Der Lehrer brachte seine Geige mit, Mutter setzte sich ans Klavier, und sie wurden nicht müde, »Seht ihr drei Rosse vor dem Wagen« so lange zu üben, bis es ohne zu zählen ging.
Lehrer Glas unterrichtete uns mit den übrigen Dorfkindern in einer einzigen Klasse. So hörten die Jüngeren auch mit, was eigentlich erst die Großen zu lernen brauchten.
Über unsere Aufsätze mußte der Lehrer oft herzlich lachen. Am meisten über einen, den mein Bruder Kurt zum Thema »Wenn mein Vater zur Stadt fährt«

geschrieben hatte. Dieser Aufsatz bestand nur aus einem einzigen Satz:
»Wenn Vater zur Stadt fährt, hat Vater Termin.«
Ein Aufsatz von mir hieß »Mein Schulweg«: »Wenn ich zur Schule gehe, muß ich bei Bauer Bunde vorbei. Da steht der große gelbe Hund und bellt mich an. Ich stampfe mit dem Fuß auf und sage: ›Wiss tu!‹ Dieser Hund ist der Hund von dem anderen Hund.«

Einmal an einem schwülen und sehr heißen Sommertag mit stundenlangen und immer wiederkehrenden Gewittern hieß es plötzlich: »Bauer Bundes Haus brennt!« Der Blitz habe eingeschlagen. Ein schreckliches Ereignis für das einsam gelegene Dorf. Plötzlich rannten Menschen umher, und Pferde wurden vor die Spritze gespannt, die, fast nie gebraucht, in einer eigenen Remise vor sich hin dämmerte – dem Spritzenhaus.
Die schnellsten Pferde, also die Kutschpferde, wurden zu diesem Zweck vorgespannt. Die zweirädrige Spritze hatte sicherlich schon ein ganzes Jahrhundert auf ihrem Buckel. Über der Achse ruhte der große Wasserkasten, der erst mal an der Pumpe vor dem Pferdestall gefüllt werden mußte. Diesen Kasten überragte der große Pumpenschwengel, an dem hinten und vorne je eine lange Querstange befestigt war. Während drei kräftige Männer die eine Stange hochdrückten, zogen drei weitere die

andere Stange herunter, wodurch der Schwengel ständig in Bewegung und der Druck im Spritzschlauch einigermaßen gleich blieb.
Dicht am brennenden Haus lag zum Glück einer der drei Dorfteiche. Dorthin rasten die Pferde mit dem gefährlich schwankenden Ungeheuer Spritze. Ein langer Schlauch wurde vom Wasserkasten in den Teich geleitet, denn es mußte ja immer Wasser nachgesaugt werden. Und nun hängten sich die Männer an die beiden Pumpstangen, während ein anderer mit dem Spritzschlauch auf das brennende Strohdach zielte.
Als ich sah, daß der Wasserstrahl nicht allzu ergiebig aus dem Schlauch spritzte, hängte ich mich voller Angst und Entsetzen mit an eine Pumpstange. Ich flog hoch und runter, durch die Kraft der Männer bewegt, die sich gewaltig ins Zeug legten. So konnte ich mich nicht lange halten. Beschämt ließ ich los und kullerte ins Gras.
Das Dach des Hauses brannte lichterloh, ehe es funkensprühend zusammenfiel. Vorher hatte die Magd Olga versucht, aus dem hellbrennenden Haus noch einiges zu retten. Hochrot im Gesicht, mit fliegenden Haaren und Röcken, war sie immer wieder ins Haus zurückgerannt. Ich hatte Angst, daß sie verbrennen würde wie die Hexe im Märchen, und schrie wiederholt laut ihren Namen. Aber sie hatte Glück, die Lohe ließ nach, als Strohdach und Dachstuhl verbrannt waren. Damals – es war im Jahre 1912 – war ich sieben Jahre alt. Aber die gleichen

Ängste standen wieder vor mir auf, als ich im Zweiten Weltkrieg Häuser, Kirchen und ganze Straßenzüge brennen sah, und noch heute fürchte ich mich vor Donner und Blitz.

Meine liebste Freundin war Erna, die Tochter des Vorknechts. Er bewohnte mit seiner Frau und neun Kindern eine Tagelöhnerkate. Wie gerne hätte ich einmal bei Schlieves geschlafen! Im Alkoven lagen in einem Bett sechs Kinder, drei am Kopf- und drei am Fußende. Aber meine Mutter erlaubte es nie, sooft ich auch bat.

Mutter Schlieve war eine zarte Frau. Manchmal begleitete ich Erna nach Hause, oder ich holte sie von ihrer Kate ab. Dann strahlten Frau Schlieves Augen. Sie wischte mit ihrem Schürzenzipfel den Holzstuhl ab, bevor ich mich setzte. Ich fand das zwar ein bißchen genierlich – aber so war es eben. Ich wußte auch: Jetzt gibt's eine Sirupstulle! Und richtig, Frau Schlieve holte ein Brot hervor, frisch gebacken und ganz knusprig. Sie schlug mit dem Brotmesser ein Kreuz darüber und schnitt es an. War es nun diese mir unbekannte Zeremonie, oder war's eben das Brot von Ernas Mutter: Es schmeckte himmlisch, dieses frische Sirupbrot. Ich habe kaum jemals wieder etwas mit solcher Wonne verspeist.

Diese Leidenschaft für Sirup hat viel später mein jüngster Sohn geerbt. Jahrelang verschlang er mor-

gens und abends nur Sirupbrote. Die Verwandtschaft und die Familie regten sich auf: ungesund, einseitig! Man muß es ihm abgewöhnen! Aber ich verstand ihn gut. Frau Schlieves Sirupstullen waren mir wieder sehr gegenwärtig. Eine Delikatesse!
Erna und ich waren fast unzertrennlich, und sie wurde von den anderen Mädchen im Dorf glühend um meine Freundschaft beneidet. Besonders um den Zutritt zum »Lustjohre«, dem Lustgarten. Das war ein großer Rasenplatz im Garten, auf dem allerlei Turngeräte standen: Schaukel und Wippe, Ringe, Reck und Barren.
Unter einem riesigen uralten Walnußbaum waren auch einige Ställe mit Meerschweinchen und Kaninchen aufgestellt, die keinen anderen Lebenszweck hatten, als daß wir Kinder mit ihnen spielten. Die Tiere lebten friedlich bis an ihr seliges Ende, und starben sie, so wurden sie von uns Kindern auf einem besonderen kleinen Friedhof unter Jasminbüschen mit allen Ehren begraben.
Erna, meine Busenfreundin, war klein und blaß, und ich tyrannisierte sie – vor Liebe –, wie ich konnte. Sie ließ es sich auch gern gefallen. Manchmal »vertönten« wir uns und waren »iwig« miteinander, aber dann stand sie doch wieder an der Auffahrt, die Hände unter der Schürze, einen Schal um den Hals, und wartete geduldig, bis ich sie hereinrief. War es soweit, lief sie zum hinteren Eingang, ließ dort ihre Holzpantinen stehen und kam auf Strümpfen in unser großes Kinderspielzimmer.

Manchmal durften auch Lene Zitzke und Olga Glei mitspielen, und da meine Geschwister ebenfalls ihre Spielgefährten mitbrachten, tollte oft eine fröhliche Kinderschar durch Haus und Garten.
Auf dem Boden unter dem Dach gab es halbdunkle »Auken«, wo in Kisten mit Heu gewöhnlich mehrere Katzendamen im Wochenbett ihre Jungen hüteten. Hier oben hatte Vater an einem dicken Balken auch eine Schaukel, die Winterschaukel, anbringen lassen, und hier oben verkroch ich mich in einer Rumpelkammer, als der Förster einmal einen alten, kranken Jagdhund abholte, der den Gnadenschuß erhalten sollte.
Tief eingewühlt in altes Bettzeug saß ich und wartete zitternd auf den schrecklichen Knall. Ich wußte, daß der Förster mit dem Hund bis zum Waldrand ging und ich den Schuß wohl kaum hören würde. Bald lauschte ich angestrengt, bald hielt ich mir wieder die Ohren zu und weinte bittere Tränen um den alten Feldmann.

Wie liebte ich sie, unsere Hunde! Bella, die Hühnerhündin, die Feldmänner, die Dackel Pfeffer und Waldine. Aber am meisten liebte ich Klunter. Eigentlich hieß er Sudermann, weil er kohlrabenschwarz war wie der berühmte Vollbart des berühmten Dichters.
Klunter war ein großer, starker Rottweiler. Die Dorfjungen zitterten vor ihm, und wenn sie auf der

Obstkoppel stehlen wollten, dann brauchte ich nur mit dem schwarzen Ungeheuer am Eingang der Koppel zu erscheinen, und sie plumpsten schreiend aus den Bäumen und rannten davon.
Dabei war Klunter das gutmütigste und frömmste Tier. Er begleitete uns Kinder zur Schule und lief mit an den See, wenn wir baden wollten. Dort mußten wir ihn allerdings festbinden, denn er wollte uns immer »retten«. Er packte uns am Fuß und zog uns an Land, ob wir wollten oder nicht. Wenn wir in die Stadt fuhren, lief er neben dem Wagen her, zwanzig Kilometer und wieder zurück, ohne zu ermüden.
Ich war überzeugt, daß Klunter jedes meiner Worte verstand. Wenn wir uns unterhielten, hörte er aufmerksam zu, und wenn man sagte: »Klunter, er lacht ja!«, wackelte er wild mit dem kupierten Stummelschwanz, zog die Lefzen hoch und zeigte die riesigen Zähne in einem lachenden Hundemaul.
Geduldig und mit tiefem Stöhnen hörte er zu, wenn ich mich verkannt glaubte und ihm lange traurige Geschichten in das hochgeklappte Ohr flüsterte.
Er war mein bester Freund. Aber entsetzlich war es, wenn er sich mit seinen Feinden, den Schäferhunden, herumbiß, besonders mit seinem Erzfeind Murx, dem Hund des Schweinefütterers. Klunter blieb zwar immer Sieger, aber ein halbes Ohr und eine tiefe Narbe über seinem linken Auge zeugten von wilden Kämpfen.

War Klunter mein bester Freund unter den Tieren, so gehörte, was die Menschen angeht, mein kleines Mädchenherz unserem Gutsnachbarn, Vaters Freund Onkel August.
Wenn er vorfuhr, versteckte ich mich unter dem Tisch im Herrenzimmer, um kein Wort der Unterhaltung zu versäumen. Aber Vater zog mich bald hervor, ich mußte einen Knicks machen, bekam von Onkel August eine Tüte Bonbons und wurde aus dem Zimmer geschickt.
Der Onkel hatte stets ein seidenes Tüchlein in der Brusttasche, und ich konnte mich an den schönen Dingen, die er trug, nicht satt sehen: der dicken goldenen Uhrkette etwa mit den Klunkern dran oder der Reitgerte mit dem silbernen Knauf. Ich behielt ihn in Erinnerung als einen Mann von nicht zu überbietender Eleganz.
Wenn Mutter Geburtstag hatte, schickte Onkel August frühmorgens durch seinen Gärtner ein Blumengebinde. Und das im Januar! Zum Souper erschien er in Frack und blitzenden Lackschuhen, Perlen im Frackhemd. Man sah es ihm nicht an, daß er kurz vorher aus dem Schlitten in den tiefen Schnee gesprungen war, um einen Schaufler, einen Damhirsch, zur Strecke zu bringen, der gerade über die Schneise wechselte.
Mein Herz wollte fast brechen, als er 1914, gleich zu Beginn des Ersten Weltkrieges, fiel.

Vielleicht machte Onkel August deshalb solchen Eindruck auf mich, weil wir sehr einfach erzogen wurden. Für uns gab es nichts Schöneres, als mit den Dorfkindern über die scharfen Stoppel zu laufen und voll Stolz nachher die blutigen Fußsohlen vorzuzeigen. Oder die Gänse hüten zu helfen. Wir hockten alle im Kreis auf der Wiese, und Olga fing an: »Womit wischst du dich ab, wenn du ...?«

»Na«, sagte Erna, »ick nehm den Hemdenzippel.«

Olga meinte: »Ick nehm man Blätter.«

»Och«, trumpfte Lene auf, »dotau nähm ick over Stroh.«

»Na un Jutta? Was nümmt dei?« wurde meine Schwester gefragt.

Jutta sah sich unsicher um. Sie konnte doch um Himmels willen nicht zugeben, daß sie Papier nahm.

Bis Meta verächtlich sagte: »Ach wat, Jutta is vornehm. Jutta nümmt Papürr.«

Da war's um Jutta geschehen. Rot vor Ärger und Verlegenheit, sprang sie auf und schrie: »Nee, ick nehm man gar kein Papier. Ick nehm man auch den Zippel.«

Jutta hielt es sonst mit den Jungens, mit Heiner und seinen Freunden. Ihre Mädchenfreundschaften dauerten nie lange. Dafür stellte sie sich an die Spitze der Heiner-Horde und kommandierte die Jungens.

Eines Tages kam sie auf den Einfall, sich meinen Puppenherd auszuleihen, um darauf Äpfel zu bra-

ten. Sie setzte sich mit ihm auf eine Lore der Feldbahn und ließ sich von den Jungens eine Strecke ins Gelände schieben. Das war zwar streng verboten, aber deshalb um so reizvoller.
Dort stopfte sie Stroh und Holz in den Herd, der eigentlich nur ein Spirituskocher war. Einer von den Jungens hatte Streichhölzer. Zuerst schwelte es nur, dann schoß eine Riesenflamme aus dem Herd.
Plötzlich schrie einer: »Do kümmt de Herr!«, und wirklich, Jutta sieht Vater anreiten. Feuer zu machen war strengstens verboten. Was soll sie tun? Wasser gibt es ringsum nicht.
»Utpisse!« schreit sie die Jungens an, und weil das noch nicht hilft, stellt sie sich selbst breit über die Brandstätte und löscht.
Vater hatte die Gören nicht einmal bemerkt, wie sich später herausstellte. Wenn er über die Felder ritt, hing er seinen Gedanken nach, oder er deklamierte den Faust, den er auswendig hersagen konnte. Er trug einen großen grünen Schlapphut und ein grünes Cape; einer von den Eleven, die zur Ausbildung auf dem Gut waren, sagte deshalb einmal: »Wie der Fliegende Holländer«
Vater war groß und stattlich, und wenn er so wild dahergeritten kam, traute man ihm nicht zu, daß die Damen der Umgegend von ihm sagten, keiner verstehe so elegant die Hand zu küssen wie er. Er hatte einen modischen Schnurrbart à la »Es ist erreicht«, den er vor dem Frühstück mit einer Bartbinde dressierte. Im Winter bedeckte seinen Kopf eine Hasen-

fellmütze mit Ohrenklappen, dazu trug er einen langen, schweren Waschbärenpelz. Sein Bart war dann bereift, und kleine Eiszapfen hingen darin.
Juttas Ansehen bei den Jungens stieg nach der Sache mit dem Feuer sehr, aber meinen Herd schleppten sie auf den Boden, wo er in einer dunklen Ecke verrostete.
Jutta hat uns anderen Geschwistern auch sonst Ärger bereitet. Wir waren sprachlos, als es eines Tages hieß, sie sei blutarm und müsse darum in Mutters Salon zwei Stunden Mittagsruhe halten. Wir wußten, daß neben Mutters Chaiselongue auf dem Luther-Tischchen eine Dose mit Bonbons stand, von denen Jutta sich zwei nehmen durfte, bevor sie sich hinlegte. Nicht um den Mittagsschlaf, um diese Bonbons beneideten wir sie, zumal sie mit ihnen am Fenster erschien und sie mit genüßlicher Miene in den Mund steckte, während wir vor dem Fenster standen und vor Neid beinahe platzten. Kaum verschwand aber Jutta vom Fenster, so rannte auch das »Volk« auseinander, froh, das kleine tyrannische Biest für zwei Stunden los zu sein.

Als auch die »beiden Kleinen« schulpflichtig wurden, hielten es meine Eltern für angebracht, eine Erzieherin ins Haus zu nehmen, die uns alle unterrichten sollte.
Die erste hieß Fräulein Wolf und kam aus Posen, Vaters engerer Heimat. Sie war schon ältlich, aber

sehr auf ihre Figur bedacht. Um mehr Fülle zu erreichen, denn sie war sehr mager, aß sie in jeder Unterrichtspause einen dicken Mehlpamps. Aber schon nach wenigen Wochen stellte sie diese Mastkur wieder ein, da sie sichtbar an der falschen Stelle zunahm. Sie blieb nur ein Jahr.
Dann kam Fräulein Albrecht, die im Gegensatz zu ihrer Vorgängerin jung und immer lustig war. Sie stammte aus Potsdam und war für meine Begriffe fein und elegant. Am schönsten fand ich ihr rosa Crêpe-Kleid, das entlang dem Saum einen gerüschten Volant hatte, der beim Gehen wippte. Rosa wurde deshalb meine Lieblingsfarbe, obgleich oder gerade weil ich fast immer hellblau trug, was Mutter an mir besser gefiel.
Mit Fräulein Albrecht unternahmen wir im Sommer vergnügte Fahrten an den See. Meist mit dem Dogcart, weil der Zweiräder nur ein Pferd brauchte. Wir fuhren nicht oft dorthin, denn während der Erntezeit geizte Vater mit den Pferden. Man fuhr mitten durch den schönsten Wald, zuletzt auf einer selten befahrenen, sehr breiten Schneise, wo der Boden dicht mit weichem Moos bewachsen war. Die Pferdehufe sanken ein, und es war sehr still. Aber gleich, gleich war es dann soweit: Der Wald öffnete sich – und da lag der See! Ein Schilf- und Teichrosenkranz säumte seine Ufer. Wir hielten an und schauten. Stille, Mitsommerstille, eine Stille voller Poesie. Stieg da nicht eine Nixe herauf aus dem dunklen Grund, gelbe Mummeln im Haar? Nach

wem schaute sie aus? Wo war der Nixerich? Oder hieß er Nöck? Man mußte tief atmen, ehe man wieder Worte fand.
Zuerst brachen wir dickbelaubte Zweige; es standen genug Sträucher herum. Wir steckten die Zweige rings ins Geschirr des Pferdes zum Schutz gegen Bremsen und Fliegen. So hatte es Vater uns gelehrt, und das wurde nie vergessen, denn wir wollten uns vergnügen, das Pferd jedoch mußte dastehen und warten.
Während der Sommerferien, wenn die Tanten, Cousinen und Vettern aus Berlin das Landleben sehr zu schätzen wußten, zumal gerade für die Berliner während des Ersten Weltkrieges eine knappe Zeit begann, mußte für Abwechslung und Unterhaltung gesorgt werden. Was lag näher als eine Picknickfahrt an den See?
Mamsell packte einen Futterkorb, ein Leiterwagen wurde zum Sitzen hergerichtet, Kutscher Emil schmückte ihn mit frischem Grün, und vergnügt rumpelten wir durch den Wald.
Am See erwarteten uns Freunde von Nachbargütern, ebenfalls mit ihrem Ferienbesuch, dazu die Eleven: Es war eine fröhliche, jugendliche Schar, die sich ausgelassen in das sonst so stille Wasser stürzte.
Den See umgaben Wiesen. Sie dufteten nach Heide, Moos und Sand. Nach dem Bade spielten wir hier »Den dritten abschlagen« und Pfänderspiele.

An einer flachen Stelle im See hatte Vater das Schilf abmähen und eine Schafwäsche bauen lassen, einen ins Wasser gebauten Lattenrost, auf dem zur Zeit der Schafschur bäuchlings die Knechte lagen und die Schafe wuschen. Diese wurden mit Stangen in schmale Laufgänge getrieben. Erstaunlich hell und sauber kamen sie am anderen Ende wieder heraus und zogen in stundenlanger Trift – es waren mehr als tausend Schafe – blökend zu ihren Ställen zurück.

Auf einer der Scheunentennen wurden sie dann geschoren. Die Knechte packten sie auf lange, niedrige Tische, an denen Frauen aus dem Dorf hockten, die mit breiten Scheren den Tieren flink die Wolle herunterschnitten. Zuerst blökten die Schafe ängstlich, aber bald hörte man nur das gleichmäßige Klappern der Scheren und ab und zu lediglich ein leises Blöken. Hofmeister Pinnow achtete streng darauf, daß die Tiere dabei möglichst wenig verletzt wurden, denn die Frauen arbeiteten im Akkord. Bald lief ein Schaf nach dem anderen um Pfunde erleichtert dem Stall zu. Und die Frauen gingen, von der schnellen Arbeit ermüdet, nach Hause.

Manchmal nahm mich Vater im Jagdwagen mit an den See. Er band den Sternkieker – so hieß das Pferd, weil es die Angewohnheit hatte, den Kopf hochzuwerfen – an einem Baum fest, dann schwamm er mit mir in den See hinaus.

Ich mied ängstlich die Stellen mit den gelben Teich-

rosen, den Mummeln, von denen die Dorfleute erzählten, daß sie umschlingen und hinabziehen, wer ihnen zu nahe kommt.
Nach dem Baden fuhren wir um den See herum und sahen beim Förster ein. Während Vater mit dem Förster sprach, unterhielt ich mich mit der Förstersfrau, die sich über Besuch stets freute, denn außer ihrer Familie sah sie in dieser Einsamkeit selten andere Menschen.
Auf der Rückfahrt erlegte Vater manchmal, wenn das Schußlicht noch ausreichte, einen Bock, der am nächsten Tag von einem Knecht geholt wurde. Lag das Tier dann kalt und steif vor dem Kornspeicher auf einem Sack, die großen gebrochenen Augen in weite Ferne gerichtet, so zog sich jedesmal mein Herz traurig zusammen.
Ich ging ungern mit auf den Anstand. Ich sah die Kreatur viel lieber lebensfroh durch Wald und Felder streifen. Nur selten begleitete ich deshalb auch meine Brüder, wenn sie auf Kaninchenjagd gingen. Sie schossen sogar die Eichhörnchen, die im Nußbaum herumturnten und denen ich von Herzen die Nüsse gönnte, die sie zierlich knabberten. Aber die Jungens waren erbarmungslos in ihrem Jagdeifer, schossen Spatzen, legten sie sauber gerupft zum Braten in meine Puppenpfannen und ließen sie auf dem Herd in der Küche schmoren.
Als Bruder Kurt auf das Gymnasium in Kolberg mußte, bekamen die »beiden Kleinen« und ich eine neue Erzieherin. Sie hieß Fräulein Kramer und war

nur in den »ersten Häusern« tätig gewesen, wie sie betonte. Sie kannte sogar die Kinder des Kronprinzen.
Winzig klein, aber sehr temperamentvoll, sah sie trotz ihrer Jahre noch jung aus. Ich hing an ihren Lippen, wenn sie von Schloß Gibichenstein, Burgen und glänzenden Festen mit Fürstlichkeiten erzählte. Eine fremde Welt tat sich vor den Augen der kleinen Landpomeranze auf, und doch erschien mir unser Gutshof fast genauso schön.

Wir streiften gerne in den Ställen herum. Am gemütlichsten war es im warmen Kuhstall. Alle Kühe hatten Namen. Die brauchte man, weil einmal wöchentlich die Milch »angeschrieben« wurde.
Auf einem der drei Gänge, die den Stall unterteilten, stand an solchen Tagen eine große Milchkanne mit Sieb und sauberem Tuch darüber. Die Schweizer gossen die Milch der soeben gemolkenen Kuh zuerst in ein Meßgefäß und danach durch Sieb und Tuch in die große Kanne. Dabei nannten sie den Namen der betreffenden Kuh – Rosa, Paula, Ida und so weiter –, und der jeweilige Kochlehrling »schrieb an«. Ein einfaches Verfahren zur Kontrolle der Milchmenge.
Als ich später die Wirtschaft erlernte, brannte ich darauf, das Melken zu üben, um auch so einen schönen weißen, duftenden Strahl aus dem Euter zu drücken. Aber – vor den Erfolg haben die Götter

den Schweiß gesetzt. So einfach, wie das aussah, war es leider nicht. Schweizer Glei suchte die sanfteste Kuh aus, sie hieß Paula. Er schob meinen Schemel nah an Paulas Euter und sagte: »Nun man los!«

Ich überwand einen Augenblick der Feigheit und schob mich auf den Schemel, wobei mein Kopf dicht an den Bauch von Paula gedrückt wurde. Sie muhte leise, stand aber still. Meinem ersten vergeblichen Bemühen folgte plötzlich ein dicker Strahl. Aber er ging daneben, die Milch spritzte auf meinen Rock und schräg auf Paulas Füße. Sie brummte leise, kaute aber ruhig weiter. Vom Gang her kamen anfeuernde Rufe. Es hatten sich inzwischen Melkmädchen und Burschen angesammelt, die ein bißchen schadenfroh grienlafften, aber sie kamen nicht auf ihre Kosten. Ich fand es schön, an Paulas warmen Bauch gelehnt, und mein Eimer wurde zusehends voller.

Am nächsten Tag setzte ich mich mutig unter Rosa (wegen ihres hübschen Namens), nicht ohne vorher den Schweizer nach den Unarten der Kühe ausgefragt zu haben. Ich zog und drückte an Rosas Euter, und es zischte auch gleich der erste, zweite und dritte volle Strahl in den Eimer. Plötzlich aber warf Rosa den Kopf hoch, ein Zucken ging durch den schweren Körper, und das Tier schlug wie wild aus. Mein Eimer sauste durch die Luft, ich selber kopfüber in die feuchte Streu – und jetzt durfte man schadenfroh grinsen und lachen. Am meisten lachte

Schweizer Glei. Ich hatte vergessen, ihn zu fragen, ob Rosa etwa kitzelig sei – und das war sie spürbar gewesen.
Im Pferdestall war es unruhiger als im Kuhstall. Hier herrschte ein dauerndes Hin und Her mit Füttern und Tränken. Vierzig Pferde stampften in ihren Ständen, schnaubten in die Krippen und klirrten mit den Ketten.
Neben dem kleinen August stand hier Klüter, auch Landrat genannt, weil er in jüngeren Tagen von einem Landrat geritten worden war. Aus diesem Grund hatte er auch einen kupierten Schwanz. Mir tat er leid, wenn er vergeblich mit dem Stummel zuckte und sich der Fliegen nicht mehr erwehren konnte. August galt als das frömmste unserer Pferde. Auf ihm machte ich meine ersten Reitversuche. Aber während mein Bruder Kurt mich ständig mahnte, die Schenkel endlich anzudrücken, muß ich den sanften August wohl dermaßen gequält und gepeinigt haben, daß er mich abwarf und mit hängenden Zügeln zum Hof zurückgaloppierte.
Der Pferdestall hatte drei Eingänge. Der mittlere führte zum Kutscherstall. Hier standen die Kutschpferde, und in einer besonderen Box Vaters Reitpferd Sternkieker. Eine leere Box war da für kranke Pferde oder Stuten, die fohlen sollten. Im Winter logierten auch unsere Hunde im Kutscherstall. An den Wänden hingen Zaumzeug und Geschirr, und Kutscher Emil konnte sich nicht genugtun, es zu putzen und die blanken Teile zu polieren.

Emil hatte drei Jahre als Bursche bei einem Leutnant gedient, und seine Haltung war stramm und militärisch. Er war der schneidigste Kutscher in der ganzen Gegend. Im Winter sah er besonders imposant aus mit der hohen Pelzmütze und dem großen Pelerinenkragen über der blauen Livree. Allerdings war er »hühnerblind«, und es war ein Wagnis, im Dunkel mit ihm durch ausgefahrene Hohlwege zu fahren. Wenn ich neben ihm saß, fragte er leise: »Nu rechts oder links, Fräulein Lieselotte?« Aber seine Erscheinung machte diese Unzulänglichkeit wett, und er blieb Kutscher, solange ich mich erinnern kann.

An derselben Hofseite wie der Pferdestall lag der Schafstall. Hier herrschte Schäfer Sökel mit seinen vier Schäferknechten über mehr als tausend Schafe. Wie alle Schäfer war er ein Wetterprophet. Mit unfehlbarer Sicherheit konnten wir mit Regen rechnen, wenn Schäfer Sökel seine Herden eintrieb. Er strickte für uns Handschuhe und Winterstrümpfe. Die Handschuhe von Schäfer Sökel waren kunstvoll gestrickt und besonders warm, weil er innen weiche Wollflocken einarbeitete.

Er kannte sich gut mit der Anatomie der Tiere aus, und darum mußte er auch die Schweine schlachten. Schafe, die den Drehwurm hatten, schlachtete er sofort, und die abgehäuteten Tiere brachte er in den Fleischkeller. Sobald wir ihn in der Ferne ankommen sahen, einen Hammel auf beiden Armen vor sich hertragend, schrieen wir: »Mutter, es gibt wieder Schöpsenfleisch!« Das gab es gezwungenermaßen zweimal in jeder Woche. Und wir aßen es gern, ohne zu wissen, wie gesund gerade Schaffleisch ist.

Lieber noch als in den Ställen, wo es ja nicht an Aufsicht fehlte, tobten wir in den großen Scheunen umher.
Von himmelhohen Heuhaufen rutschten wir herunter, oder wir bauten enge Höhlen, in denen wir uns gruselige Geschichten erzählten. Die Jungens sprangen gern von den höchsten Querbalken in das federnde Heu. Dazu deklamierten sie, mit ausgebreiteten Armen auf dem Balken stehend: »Zu Tode getroffen, sank er nieder . . .« – und rumms, sausten sie durch die Luft.
Einige Jahre später sollte das Spiel für zwei nette Vettern bittere Wahrheit werden. Der Krieg verschlang sie. Beide fielen in Frankreich.
Das große Tor zur Scheunentenne stand selten offen. Es hatte aber seitlich – etwa in Hüfthöhe – eine kleine Öffnung, die gerade so groß war, daß wir durchschlüpfen konnten. Wenn wir uns müde getobt hatten, wollte keiner der letzte sein, der durch diese Öffnung kroch, aber einmal traf mich dieses Pech. Mein Oberkörper hing schon zum Hof hinaus, als die ganze Horde fortrannte und schrie: »'Ne Leich fött die an! 'Ne Leich fött die an!« Ich fühlte ganz deutlich, wie jemand meine Beine anfaßte. Ich

weiß nicht, wie ich herausgekullert bin. Aber von da an habe ich nie wieder die Scheune betreten, wenn das große Tor nicht weit geöffnet war.
Der Grusel vor der »Leich« hatte folgenden Grund: Wenn im Dorf jemand gestorben war, so wurde er auf dieser Scheunentenne drei Tage lang aufgebahrt. Am dritten Tage, kurz bevor der Pastor kam, wurde der Sarg noch einmal geöffnet, damit alle Dorfbewohner Abschied von dem Toten nehmen konnten.
Ich ging auch meist hin, mir die »Leich« anzusehen, obwohl es mir graute. Die einzige, an die ich mich ohne Schaudern erinnere, war die des alten Tagelöhners Schneider. Ein schöner weißer Vollbart umrahmte sein Gesicht. Er sah so friedlich aus, daß er mir nicht so fremd erschien wie all die anderen mit ihren wächsernen Gesichtern und bläulichen Lippen.
Rief dann jemand: »De Preister kümmt!«, wurde der Sargdeckel schnell geschlossen. Nach einer kurzen Zeremonie hob man den Sarg auf einen Leiterwagen, und der kleine Zug bewegte sich zum Kirchhof am Waldrand. Die Schulkinder gingen hinter dem Wagen her und sangen mit dünnen Stimmen: »Jesus, meine Zuversicht«. Von der Friedhofspforte bis zur ausgehobenen Grube trugen sechs Männer den Sarg. Der Pastor sprach den Segen, und schnell wurde das Grab zugeschaufelt. Dann legten die Totengräber die Schippen in Kreuzesform auf den Hügel, und die Leidtragenden legten darauf ihre

Kränze. Eine drei Mann starke Bläsergruppe spielte einen Choral, die Frauen schluchzten laut, und die Männer bliesen immer langsamer.
Der alte Schneider war Veteran von 1870/71 gewesen, und darum hatte man bei seinem Begräbnis nicht nur die Bläser bestellt, sondern über dem Grab wurden auch drei Salven abgeschossen.
Nach dem Bläserchoral knieten die Hinterbliebenen zum letzten Gebet zu beiden Seiten des Grabhügels nieder. Dann ordnete sich der Zug wieder, und Schulkinder und Dorfleute zogen nach Hause, vornweg die Musikanten, die jetzt flotte Märsche bliesen. Diesen plötzlichen Übergang von tiefer Trauer zu fröhlichen Marschweisen fand ich bedrükkend. Vater erklärte mir zwar, daß die frohe weltliche Musik bedeuten solle, daß das Leben über den Tod siege. Ich wollte das trotzdem nicht verstehen.

Den Kirchhof am Waldrand erreichte man am schnellsten über den »Zigeunerweg«, der um den Gutshof herumführte. Fremden war es verboten, über den Hof zu gehen oder zu fahren. An der Einfahrt stand eine Tafel mit der Aufschrift VERBOTENER PRIVATWEG. Wer fremd war, mußte also diesen Umweg benutzen. Und unsere Leute, die fremd und Zigeuner gleichsetzten, nannten diesen Weg deshalb den »Zigeunerweg«.
Große Aufregung war, wenn wirklich Zigeuner im Dorf auftauchten. Sie lagerten dann mit Pferden

und Wagen auf dem Platz bei der Dorfpumpe, und die Frauen, von einer Schar unglaublich schmutziger Kinder begleitet, gingen Karten legend und bettelnd von Haus zu Haus.

Vater erlaubte nie, daß sie auf den Hof kamen. Nur wenn ein Bärenführer dabei war, machte er eine Ausnahme. Dann ließ der Bärenführer das Untier vor unserem Hause tanzen. Das Tamburin rasselte, und der Schellenbaum gab den Takt an. Es war ein märchenhaftes Bild: der zerlumpte dunkle Mann und das große Tier, das sich brummend aufrecht drehte. Zum Dank bekam der Bär ein dickes Honigbrot, das er in seine beiden Pfoten nahm und abschleckte. Sein Herr erhielt Futter für die Pferde.

Rings um das Gut gab es viele schöne Spazierwege. Einer von ihnen hieß die »Kuhtrift«. Man kam auf diesem zu einem kleinen Wiesental, in dem die Kühe weideten. Es lag zwischen einem steilen Hang, den wir das »scheiwe Euwer«, das schiefe Ufer, nannten, und einem dunklen Fichtenwald, der uns Kindern düster und unheimlich vorkam.

In diesem Wald hatten sich die Brüder eine Blockhütte gebaut. Ein Sack hing vor dem Eingang zu dieser Behausung, die für uns tabu war. Wir Mädchen mieden diesen unheimlichen Ort sowieso – um so mehr, als sich darin eine Zeitlang ein russischer Kriegsgefangener verborgen hielt, der geflüchtet war und auch später, als der Krieg 1918 sein Ende nahm, nicht nach Rußland zurückkehren wollte. Er flocht Weidenkörbe und verkaufte sie in der Umgegend. Alle kannten ihn, sogar seinen Namen wußten sie: Sudin. Wir vom Gut hätten ihn kaum entdeckt, wenn der Förster ihn nicht zufällig im tiefverschneiten Wald überrascht hätte. Da war es aber wohl schon zu spät, oder die Behörden hatten die Akten über den Fall bereits geschlossen. Sudin blieb in Deutschland und hat später eine deutsche Frau geheiratet.

Durch diesen dichten Fichtenwald führte eine Schneise, über der die Wipfel der schlanken Fichten sich zusammenfanden. Das sah aus wie das Gewölbe eines Domes. Und gingen wir durch diesen dunklen Dom, dann leuchtete uns am Ende durch das hohe Portal das helle Grün eines sonndurchglühten Buchenwaldes entgegen. Waren wir im Fichtenwald über einen moderschwarzen federnden Nadelteppich gegangen, traten wir nun auf grünes Moos, in dem im Frühjahr Akelei, Anemonen und Hundeveilchen blühten.

Am Weg zwischen hohen Farnen steckte ein Findling halb im Boden. Vater hatte ihn ausgraben lassen wollen, aber man hatte es aufgeben müssen, weil es sich herausstellte, daß der Stein größer war, als man vermutet hatte, und niemand die Mittel hatte, den Riesen zu transportieren oder auch nur zu bewegen. Dort, wo die Leute gegraben hatten, füllte später ein Ameisenhaufen, eine wahre Burg, die Höhlung. Auf diesem Stein ließen sich gern unsere Feriengäste fotografieren, denn sechs Personen fanden leicht auf ihm Platz.

Dort, wo der Wald sich lichtete, zog uns ein zauberhafter Duft von klarem Wasser und Wiesenkraut entgegen, und sobald der Waldboden sich zu senken begann, hörten wir das Rauschen und Plätschern eines Baches, den das steile Ufer noch vor unseren Blicken verbarg. Ein schmaler Steg, eigentlich nur ein Baumstamm mit einem einseitigen Geländer, führte vom abfallenden Ufer zu den Wiesen hinüber, die jenseits des »Krummen Wassers« lagen – so hieß der Bach, denn er floß in vielen Krümmungen am Waldrand entlang. Vater sagte, er mäandere.

In einer Windung engte ein anderer Findling das »Krumme Wasser« so ein, daß es schäumte und brauste. Diesen Findling nannten wir den »Prinzessinnenstein«, denn im Stein war eine lange Rinne zu sehen, die geschlagen worden war, als Vater ihn einmal sprengen lassen wollte. Wir Kinder aber verbanden damit das Märchen von einer Prinzessin, die in Mondscheinnächten auf diesem Stein gesessen und so lange geweint hatte, bis ihre Tränen diese Rinne ausgewaschen hatten.

Hier am »Prinzessinnenstein« war unsere Badestelle. Der Bach rieselte über weichen weißen Sand und rundgeschliffene Steine. Blauschimmernde Wasserjungfern schwirrten darüber hin, und am Wiesenufer im Schilf blühten blaue und gelbe Wasserlilien.

Der Bach hatte auch tiefere Stellen, wo uns das Wasser bis zur Brust reichte, aber diesen dunklen

»Kolken« unter den Baumwurzeln am Waldufer näherten wir uns nur mit leisem Schauder. Hier war das Wasser so kalt, daß uns die Haut prickelte und wir schnell auf die sonnige Wiese sprangen, um uns in unsere Badetücher zu wickeln. Hier lagen wir und ließen uns die langen Haare von der Sonne trocknen. Einmal kam der Förster vorbei, er blieb stehen und rief uns zu: »Na, hier ist wohl das Paradies auf Erden!«
Sechzig Jahre später fand ich im fernen Hamburg eine Karte dieser Gegend. Zu meiner Freude war darauf das »Krumme Wasser« benannt, und man sah genau die vielen Windungen, die dem Flüßchen, das in Belgard in die Persante mündete, den Namen gegeben hatten.
Weil wir im »Krummen Wasser« nicht schwimmen konnten wie im See, blieb Klunter, unser treuer Begleiter, hier am schattigen Waldufer sitzen und sah uns aufmerksam beim Baden zu. Auf dem Heimweg aber tollte er desto wilder umher.

Klunter war sehr eifersüchtig. Wenn wir uns dem Hof näherten, und uns einer der anderen Hunde entgegenlief, schlug er ihn in die Flucht. Nur die Krähe Jakob ließ sich nichts von ihm gefallen. Listig setzte sich der Vogel frech auf seinen Rücken und pickte ihm in den Schwanz.
Vor Jakob ergriffen alle Hunde die Flucht. Vater hatte das Tier jung gefangen. Jakob wurde schnell

zahm und unglaublich dreist. Er kam durchs offene Fenster und holte Mutters Fingerhut vom Nähtisch, brachte ihn aber auf Befehl immer wieder zurück.
Am frechsten benahm er sich, wenn abends im Dämmerlicht alle Hausgenossen auf den weißen Bänken vor dem Haus auf der Rampe saßen. Einer der Eleven spielte dann wohl Ziehharmonika, oder wir sangen alte Volksweisen. Plötzlich schrie die Mamsell auf, faßte sich mit beiden Händen an den Hinterkopf und rannte ins Haus. Hatte ihr doch Jakob, unbemerkt auf der Lehne der Bank hinter ihr hockend, Nadel um Nadel aus den Haaren gezogen, bis der falsche Zopf zu Boden fiel. Die arme Mamsell, deren »Schande« so offenbar wurde, schwor ihm bittere Rache. Auch für Jutta war Jakob ein Schrecken. Er hatte es auf ihre nackten Waden abgesehen. Wo er sie fassen konnte, lief er krächzend hinter ihr her. Es half nichts, daß sie schrie und sich wehrte, bis sie auf den Gedanken kam, einen von Vaters Spazierstöcken hinter sich herzuschleifen, auf den Jakob dann einhackte.

Jakob war nicht nur ein lieber Bösewicht, er war auch faul. Er fraß nie von selbst. Hatte er Hunger, so hüpfte er hinter uns her und riß seinen Schnabel weit auf. Dann ließ er sich mit leckeren Fleischstückchen vollstopfen, denn er war ein Feinschmekker. Wenn wir im Garten Erdbeeren pflückten, konnten wir sicher sein, daß Jakob anstolziert kam, um sich seinen Teil in den Schnabel stecken zu lassen.

Aber er war auch ein Flaneur. Manchmal war er tagelang verschwunden. Schon wollten wir nach ihm suchen – die Trauer war groß –, da saß er krächzend in einem der hohen Bäume, die den Garten umgaben, flog uns auf die Schultern und Arme, trippelte hin und her, daß er uns mit seinen scharfen Krallen ganz zerkratzte, und schlug vor Freude mit den Flügeln. Vater meinte dann: »Jakob war auf Vogelhochzeit.«
Aber seine Neugier wurde ihm zum Verhängnis. An einem Waschtag hatten die Frauen, als sie zur Frühstückspause gingen, die Fenster der Waschküche im Kellergeschoß geöffnet, damit der Wrasen abziehen könne.
Jakob flog vom Garten aus auf das Fensterbrett und hüpfte in die Schwaden hinein. Verwirrt und blind muß er dann auf die heiße Herdplatte und in den brodelnden Waschkessel geraten sein. Als die Frauen zurückkamen, fischte ihn eine aus dem Bottich heraus. Sie dachte, der Gegenstand sei ein Stück Baumrinde. »Herrgott – dat is d'ull Kreih!« schrie sie auf, zog ihn aus dem Kessel und warf den armen Jakob unter die Kellertreppe, wo ihm später die Katze den Kopf abbiß. So endete das arme Tier. Wir begruben ihn trauernd und tränenreich unterm Jasmingebüsch hinter der Laube. Als Sarg hatte uns der alte Drews eine kleine Holzschachtel gegeben. Seine Werkstatt lag in der Ecke des Hofes, wo sich auch der Hundezwinger befand.

Stellmacher Drews trug einen langen, eisgrauen Vollbart. Er hatte ein Herz für uns Kinder. Zu Weihnachten tischlerte der Wagenbauer Ritterburgen, Pferdeställe oder Gutshöfe für die Jungen und Puppenstuben für die Mädchen. Er schnitzte Steckenpferdchen und Schaukelpferde, er half uns in unseren kindlichen Nöten, ob nun ein Rad am Puppenwagen zerbrochen oder einer Puppe ein Bein abgerissen worden war.

Im hinteren Teil seiner Werkstatt stand die neue Häckselmaschine, die den alten Pferdegöpel abgelöst hatte. Bis dahin mußte sich ein altes Pferd, die Augen mit einem Sack verbunden, in dem »Umgang« an der Deichsel quälen. Das Pferd hatte mir sehr leid getan, und ich dachte, ich könne ihm helfen, wenn ich bei ihm stehenblieb, wie es da immer im Kreis herum ging. Aber bald war mir vom Zusehen »düsch« im Kopf geworden, und ich hatte mit schlechtem Gewissen den dämmrigen Umgang, in dem der Göpel knarrte, verlassen.

Auf der anderen Seite des Hundezwingers, beim Hühner- und Entenstall, war der Platz, wo der Nachtwächter Schünke einige Stunden am Tag das Holz für die Öfen und Herde im Haus spaltete.

Nachts machte Schünke seine Runden durch die Ställe und um das Haus, in der einen Hand einen mannshohen Spieß und in der anderen eine Laterne. Um seinen Hals baumelte an einer Schnur das Feuerhorn. Sein alter Dackel Racker begleitete ihn auf diesen nächtlichen Gängen. So behütet schliefen wir sicher vor Feuer und Dieben wie in Abrahams Schoß.

Kamen wir abends spät mit dem Wagen von einem Besuch auf einem der Nachbargüter zurück, erwartete uns Schünke am Fuß der Rampe und half uns beim Aussteigen. Sein langer Spieß lehnte dann am dicken Stamm des riesigen Kastanienbaumes, der das Dach unseres Hauses beschattete. Mit einem scheuen Blick lief ich daran vorbei, und meine Phantasie ließ mich eingetrocknetes Blut an der im Laternenlicht blinkenden Spitze des Spießes sehen. Wie Wotan hatte Schünke nur ein Auge, denn ein Splitter, der ihm beim Holzspalten ins Auge gedrungen war, hatte ihn des anderen beraubt. Weil ihm aber sein Bart wie die Schnurrhaare einer Katze rundum vom Gesicht abstand, so hatte er doch mehr Ähnlichkeit mit einem Kater als mit dem alten Heidengott. Und als ich einmal in einer Abendstunde auf der Terrasse saß und gelangweilt die Beine von der Bank baumeln ließ, rief ich ihm auf sein »'n Owend!« übermütig »alter Kater!« nach und streckte ihm die Zunge raus, als er sich umsah. Am nächsten Tag ging Vater mit mir zu dem Platz, wo Schünke Holz spaltete, und sagte: »Du wirst jetzt Schünke um Verzeihung bitten. Gib ihm die Hand, und mach einen Knicks! Und dann sag: ›Bitte, lieber Schünke, ich will es nicht wieder tun.‹«

Vor Scham wäre ich am liebsten im Erdboden versunken. Aber Vater schob mich vor Schünke hin, der ganz verlegen war, und befahl: »Vorwärts!«

Es half mir nichts: Ich mußte gehorchen. Dann lief ich weinend fort, erniedrigt und in meinem Stolz zutiefst verletzt. Aber ich zog eine Lehre daraus, die ich bis heute nicht vergessen habe, daß man nämlich niemanden verspotten darf, weil er anders aussieht als wir. Ganz wie der alte Handelsjude Wolf, der alle vier Wochen mit seinem klapprigen Wägelchen auf unseren Hof gefahren kam, um die Felle der geschlachteten oder verendeten Tiere aufzukaufen, und der aussah wie ein König aus dem Morgenland.

Er war ein großer, schwerer Mann mit schwarzen Augen, aus denen alle Weisheit der biblischen Propheten zu leuchten schien und mit denen er uns freundlich lächelnd ansah, wenn der jüngste von uns bei seiner Ankunft laut durchs Haus rief: »Mutter, der Jude Wolf ist da!« »Der Jude« war eben eine Berufsbezeichnung wie »der Gärtner« Krause zum Beispiel.

Wolf hatte seine eigene Art. Als ich mit einem Jahr sehr krank gewesen war und am Rosenrondell vor dem Hause in meinem Kinderwagen schlief, beugte er sich über mich und meinte voll ehrlichen Mitgefühls: »Für *das* Würmchen geb' ich keinen Groschen.« Das erzählte Mutter noch nach Jahren, als ich schon groß und kräftig war und fröhlich die runden Matzen verzehrte, die uns der Jude Wolf jedes Ostern mitbrachte; als Geschenk seiner Frau Rebecca.

Jedes Jahr im Sommer kam Großmutter zu Besuch. Sie kam aus einer für uns unbegreiflich fernen Stadt weit im Westen: aus Höchst am Main. Mutters Bruder war später ein berühmter Professor bei den Höchster Farbwerken, und bei ihm lebte Großmutter nach dem Tode von Großvater.
Großmutter kam auf der alljährlichen Rundreise zu ihren Kindern am liebsten zu uns nach Hinterpommern, wo sie den ganzen Sommer über blieb. Sie hatte selbst viele Jahre auf dem Lande gelebt, denn Großvater war Pächter einer königlichen Domäne in Vorpommern gewesen und sie die Tochter eines Gutsbesitzers. Zwanzig Jahre hindurch war Großmutter unser lieber Gast, und diese ganze lange Zeit habe ich sie in gleichbleibender Erinnerung: eine stattliche, große Erscheinung, gütig und streng, vor der wir unendlichen Respekt hatten, obgleich sie nie ein böses Wort sagte.
Großmutter trug auf dem grauen Scheitel ein schwarzes Spitzenhäubchen, das mit Perlen verziert war. Ihre Kleider waren ebenfalls schwarz. Nur sonntags zog sie ein graues Kleid aus schwerer Seide an, das mit schwarzen Spitzen besetzt war.
Für Großmutter wurde das schönste unserer Gästezimmer hergerichtet, und wenn sie eingezogen war, kamen wir uns in dem sonst vertrauten Raum vor wie in einer anderen Welt. Großmutter führte in ihrem umfangreichen Gepäck eine Menge bunter Kissen, Deckchen und Bilder mit, von denen sie sich nie trennte. Ihr Toilettentisch war mit geheim-

nisvollen Dingen bedeckt, und auf dem Tisch vor dem Sofa lagen Bücher mit Goldschnitt und schöner Prägung, eine lederne Schreibmappe und Großmutters Handarbeit.

In einem runden geflochtenen Nähkörbchen steckte in einer Schluppe der mit buntem Stoff gefütterten Innenseite eine hölzerne, braunpolierte Nadelbüchse. Sie war etwa einen Finger lang und sechseckig. An einem Ende konnte man einen winzigen Deckel hochklappen und die Nadeln herausschütten.

In der nächsten Schluppe steckte ein Trennmesserchen, das Großmutter auf ihren Reisen auch zum Obstschälen benutzte. Die Klinge war in einer Hülse aus Ebenholz verborgen. Wenn man mit dem Daumen an einem Messingverschluß drehte und die entstehende Öffnung zugleich nach unten hielt, rutschte eine scharfe kleine Messerklinge heraus, die fest in dem Ebenholzgriff saß, wenn man den Verschluß wieder losließ.

Großmutter hatte es gerne, wenn wir sie in ihrem Zimmer besuchten. Dorthin zog sie sich zurück, wenn ihr der Trubel im Haus zuviel wurde. Wir saßen, eng an ihre Knie geschmiegt, auf Kissen und Fußbänkchen zu ihren Füßen, die Größeren neben ihr auf dem Sofa, und oft erzählte sie uns dann Märchen.

Großmutters Märchen waren anders als die gruseligen und aufregenden, die Vater erzählte. Wenn Großmutter von dem kleinen Mädchen berichtete,

das mit blaugefrorenen Händen an einer verschneiten Straßenecke Wolltierchen feilbot und rief: »Ein Dreier das Schäfchen! Ein Dreier das Schäfchen!«, dann flossen unsere Tränen, und wir waren all den Menschen böse, die hartherzig an der uns lang vertrauten kleinen Freundin vorübergingen.
Einmal sah eine Tante, die mit ihren vier Kindern aus Berlin zu Besuch gekommen war, bei einer solchen Gelegenheit zur Tür herein und rief aus: »Nein, welch ein hübsches Bild!« Wir mußten alle so sitzen bleiben. Sie holte ihren Fotoapparat und »nahm uns ab«, wie wir sagten.

Zweimal im Jahr kam die Schneiderin aus dem Nachbardorf auf das Gut, um die Frühjahrs- oder im Herbst die Wintergarderobe zu überholen. Sie war ein Tagelöhnermädchen und hieß Berta Zibell. Wegen eines angeborenen Hüftleidens konnte sie nicht als Hofgängerin arbeiten, und so hatte sie ein bißchen Nähen gelernt. Aber unter Mutters Anleitung, wie diese stolz erzählte, habe sie sich mehr und mehr vervollkommnet.
Berta wurde immer von einem Knecht im Hebammenwagen abgeholt. Dieser Wagen stand sonst in der Remise bereit, wenn die Hebamme aus Stolzenberg geholt werden mußte. Darum hieß er der Hebammenwagen. Er wurde aber auch im Sommer gebraucht, um den Schnittern Kaffee aufs Feld nachzufahren.

Ich konnte lange Zeit bei Berta im Nähzimmer sitzen und ihren Geschichten zuhören, denn sie wußte allerhand Klatsch aus der Nachbarschaft. Sie lachte so gern. In der Mittagspause hinkte Berta, die Unterarme auf dem Rücken verschränkt, um ihr schwaches Kreuz zu stützen, die Wege im Garten entlang. Aber ich habe sie nie betrübt gesehen. Sie war immer freundlich und trug ihr Leiden mit sanftmütiger Geduld.

Weniger unterhaltsam war es, wenn die Flickwäsche im Nähzimmer neben dem Wohnzimmer vorgenommen wurde. Damit es nicht zu langweilig wurde, ließ Mutter sich erweichen, Geschichten aus ihrer Jugend zu erzählen, wie die von meiner Ahne, der Urgroßmutter, die auf einem Rittergut im Posenschen gelebt hatte.

Ihr Bild hatte ich im dicken, schweinsledernen Familienalbum gesehen. Da saß sie in einem weit sich bauschenden Atlasrock in einem Sessel und zeigte ihr Profil mit der kühnen Adlernase. Sie präsentierte sich immer nur von der linken Seite, weil sie sich einmal das rechte Auge mit einer Gabel ausgestochen hatte.

Sie muß ein ungebärdiges Temperament gehabt haben, denn Mutter, die als Kind oft zu Besuch auf dem Gut ihrer Großmutter war, hat es selbst erlebt, wie sie sich beim Zerteilen eines Hammels, was sie dem Lehrmädchen zeigen wollte, im Fleischkeller den Daumen spaltete, als ihr das Beil ausglitt. Aber sie muß auch einen starken Willen gehabt haben,

denn sie rief dem Lehrmädchen zu: »Lauf schnell und hol Nadel und Faden!« und hielt sich derweil die klaffende Wunde zu. Als das Mädchen zurückkam, streckte sie ihr den Daumen entgegen und forderte: »Nun näh zu!« Aber dem armen Ding wurde übel. Da nahm ihr die Urgroßmutter das Nähzeug aus der Hand und nähte selbst. Ja, sie war eine harte Frau. Und jähzornig war sie auch.
Als sie eines Tages mit Pferd und Wagen, den Kutscher hinter sich auf dem Lakaiensitz, über Land fuhr, jagte einer ihrer Hunde, die neben dem Wagen herliefen, in einem Dorf die Hühner und biß eins tot.
Als eine Schwarwerkersfrau jammernd angelaufen kam, warf sie ihr ein Geldstück zu und rief dem Kutscher zu: »Pascholl, hol ihn!« Dann befahl sie, dem Hund die Peitschenschnur um den Hals zu knüpfen. Den Peitschenstiel mußte der Kutscher festhalten und sich über die Schulter schlagen. So fuhr sie weiter. An einem Wäldchen ließ sie halten und das arme Tier vergraben.
Als Urgroßvater zu Hause nach dem Hund fragte, antwortete sie nur: »Der ist gut aufgehoben.«
Mir zog sich das Herz zusammen, als uns Mutter diese Geschichte erzählte. Was konnte der arme Feldmann dafür, wenn er seinem angeborenen Jagdinstinkt erlegen war? So unmenschlich hätte die Ahne den Hund nicht bestrafen dürfen. Und wenn ich ihr Bild im Album betrachtete, dachte ich: Es geschah dir recht. Auge um Auge. Und ich nahm

mir vor, an unseren Hunden wiedergutzumachen, was die Ahne dem armen Feldmann angetan hatte. So versteckte ich Bella, die Hühnerhündin mit dem langhaarigen rötlich-braunen Fell, wenn sie einmal wieder Bastarde geworfen hatte, die Vater unweigerlich hätte töten lassen. Sie blieben so lange in einer entlegenen Ecke des Hühnerstalls, bis sie tollpatschig und drollig herumlaufen konnten. Wenn sie dann zum Vorschein kamen, ließ Vater sich rühren. Auf diese Art zog ich ganze Generationen von Hunden und Katzen auf, die auch immer ihre Abnehmer fanden, wenn ich für sie um Asyl bat. Und später, während meiner Schulzeit in Kolberg, stand in jedem Brief gleich nach den Grüßen an Vater und Mutter: »Grüßt auch alle Hunde und Katzen, vor allem aber Klunter!«

Alle zwei Wochen wurde Brot gebacken. In der Backstube im Keller stand am warmen Lehmofen ein mächtiger Trog, in dem das Mehl mit dem Sauerteig gemischt wurde. Der Teig mußte eine Nacht lang gehen. Am anderen Morgen wurde er auf den weißgescheuerten Tischen zu großen Brotlaiben geformt, die auf lange Tragbretter gelegt und zu einem Steinofen gebracht wurden. Dieser stand merkwürdigerweise im Schweinepark, einige hundert Meter vom Haus entfernt. Auch im Dorf gab es so einen Ofen.
Die beiden Steinöfen waren sicher sehr alt. Auf

ihren erdbeworfenen Gewölben lag dichtes, dickes Moos und wuchsen sogar große Büsche. Mutter hatte vor die Ofenöffnung des unseren ein Vorhaus bauen lassen. Darin stand ein langer Tisch, auf dem man die Brote nachkneten konnte, bevor sie Stellmacher Drews in den heißen Ofen schob.
Wir Kinder durften die Teigreste aus dem Trog in der Backstube kratzen. Die faustgroßen Stuten, die wir aus ihnen kneteten, schob der alte Drews mit in den Ofen. Ungeduldig fragten wir immer wieder, ob denn unsere Stuten nicht schon fertig seien, bis er sich erweichen ließ und einen mit der Eisengabel herauszog. Goldbraun und wunderschön aufgeplatzt kam er zum Vorschein. Man konnte den dampfenden Stuten nur mit der Schürze anfassen und von einer Hand in die andere kullern lassen, ehe er so weit abgekühlt war, daß er, noch heiß, von uns Kindern verschlungen wurde.
Zu Sonn- und Festtagen wurde in der Küche Kuchen im Bratofen gebacken, und am ersten Advent begann die Weihnachtsbäckerei. Die Kochlehrlinge und alle Hausmädchen halfen mit. Sie hatten weiße Schürzen um und das Haar in weiße Tücher gebunden. Aus alten Kochbüchern mit wunderlich verschnörkelten Buchstaben wurden Rezepte hervorgesucht der Art: »Man nehme einen Topf, welcher vorn eine Tille hat ... sechzehn Eier, drei Pfund Butter ...«
Die Kinder durften bei den Ausstechern helfen, sie mit Mohn und Zucker bestreuen und mit Eigelb

bestreichen. Es duftete nach Honig und Gewürzen. Die bunten Plätzchen füllten bald alle Terrinen. Und aus dem schweren Stollenteig wurden große Stuten geformt, die im Steinofen gebacken wurden, ebenso wie die Bleche mit mandelgespicktem Lebkuchenteig.

Am ersten Advent ging Mutter mit uns Kindern und einem Gärtnerburschen in den Wald, um das Adventsbäumchen zu holen. Es durfte nicht höher als einen halben Meter sein, doch bald hatten wir es in einer Schonung gefunden.
Zu Hause wurde es mit Lametta geschmückt, Mutter steckte vier Kerzen auf, und es bekam seinen Platz im Kinderzimmer. Jeden Abend wurden nun Weihnachtslieder geübt, und die geheimnisvolle Zeit vor dem Fest begann.
Wir wußten genau, daß Mutter in einer Bodenkammer nach und nach eine wahre Spielzeugausstellung aufbaute. Aber wir wagten es nicht, auch nur durchs Schlüsselloch zu schauen. Wir glaubten fest, daß uns der Weihnachtsmann sonst die Augen auspusten würde.
Kurz vor dem Fest überraschte er uns in der Abenddämmerung. Jutta, Heiner und ich warteten im halbdunklen Kinderzimmer, daß das Stubenmädchen die Lampe bringen würde. Denn damals gab es bei uns noch kein elektrisches Licht. Wenn das Licht des Tages verglomm, die Umrisse der Gegen-

stände im Zimmer immer undeutlicher und die Stimmen der Menschen immer leiser wurden, dann sagte man bei uns: »Wir feiern Schummerstunde.« In einer solchen Schummerstunde in der Adventszeit also hörten wir plötzlich schwere Tritte. Die Tür sprang auf, und der Weihnachtsmann trat herein; in der Hand trug er eine flackernde Stallaterne, auf dem Rücken einen großen Sack, der geheimnisvoll raschelte.
Zwar kamen mir sein zottiger Pelzmantel und die Fellmütze merkwürdig bekannt vor, auch die jungen braunen Augen, die denen meines Bruders Kurt aufs Haar glichen, aber Heiner und Jutta, die »beiden Kleinen«, waren vor Ehrfurcht starr und wagten kaum, ihr Sprüchlein aufzusagen. Nach mahnenden Worten verteilte Knecht Ruprecht ein paar Äpfel und Nüsse und polterte wieder hinaus.
Am Tag vor Heiligabend wanderten wir ein zweites Mal mit Mutter und Stellmacher Drews in den Wald, um den Weihnachtsbaum auszusuchen. Das war nicht leicht. Denn obgleich in unseren Wäldern Tausende von Weihnachtsbäumen wuchsen, war doch keiner schön genug, um erwählt zu werden.
Sobald nun Mutter den richtigen gefunden zu haben glaubte, machte Stellmacher Drews sie darauf aufmerksam, daß an einer Stelle ein Ast fehle. Wenn aber der alte Drews einen Baum ausgesucht hatte, so war der sicher Mutter zu dicht gewachsen oder zu dünn. Es dauerte lange – uns waren vor Kälte schon Hände und Füße klamm –, bis wir uns

endlich alle für den einzig richtigen entschieden und erlöst zurücktrabten.
Stellmacher Drews trug den beschneiten Baum zum Abtauen in seine Werkstatt, und wir waren froh, uns in der warmen Diele aufwärmen zu können. Dort duftete es aus der Röhre des braunen Kachelofens verlockend nach Bratäpfeln.
Am Nachmittag dieses Tages wurden in der Schule die Schulkinder beschert. Vater mußte oft durch den tiefen Schnee für uns einen Weg mit dem Schneepflug bahnen lassen. Bis zur Nase vermummt, stapften wir in pelzgefütterten Stiefeln, die uns bis zu den Knien reichten, durch den knirschenden Schnee hinter Nachtwächter Schünkes Laterne einher und kämpften gegen den eisigen Ostwind an.
Nach einer Viertelstunde sahen wir die hellerleuchteten Fenster der Schulstube. Drinnen stand in einer Ecke der strahlende Weihnachtsbaum, daneben war eine lange Tafel mit Geschenken aufgebaut, meist nützlichen wärmenden Sachen, und einem bunten Teller für jedes Schulkind.
Vor ein Podium war ein Vorhang gezogen, dahinter flüsterte es aufgeregt. Wir setzten uns in die Bankreihen, die Erwachsenen blieben entlang der Wände stehen. Der Vorhang wurde zurückgezogen, und die Begabtesten der Schuljugend führten ein Krippenspiel auf. Danach hielt Vater eine kleine Ansprache, und jetzt erst wurden die Geschenke verteilt. Es war schön und feierlich.

Am Morgen des Heiligen Abends brachte der alte Drews den fast vier Meter hohen Baum in das Weihnachtszimmer, das vor uns jetzt verschlossen blieb. Nur Vater und Mutter hatten noch Zutritt.

Um drei Uhr nachmittags ließ Vater den Schlitten anspannen, und wir fuhren zum sechs Kilometer entfernten Kirchdorf zur Christmette. Aber ich konnte die Rückfahrt kaum erwarten. Der Wald war schon dämmrig, der Himmel über der Schneise hell und sternenklar. Ich legte den Kopf mit der dicken Pelzmütze zurück, sah Sterne, Wolkenfetzen und Baumkronen vorüberziehen und träumte vom Glanz des bevorstehenden Festes.

Auf der Diele waren inzwischen auf einem Tisch die Geschenke für die Dorfkinder unter sechs Jahren aufgebaut worden, die nun mit ihren Müttern zur Bescherung kamen. In der Mitte dieses Tisches stand das Adventsbäumchen, dessen vier Kerzen nun zum letztenmal brannten. Auf dem Tisch lagen an die zwanzig Stuten, für jede Familie einer, daneben standen bunte Teller und für jedes Kind ein Spielzeug.

Für Kutscher Emil, Stellmacher Drews, Nachtwächter Schünke und Hofmeister Pinnow prangten auf der schweren, eisenbeschlagenen Eichentruhe an der Wand neben der Haustür große Blechschüsseln mit Gebäck, Äpfeln und Nüssen, dazu der übliche Stollen. Für jeden dieser Getreuen gab es außerdem eine Kiste Zigarren und ein praktisches Geschenk, mal eine wollene Weste, einen Schal oder

ein schwarzseidenes, buntbesticktes Chemisett, Gegenstände, die jedes Jahr wechselten.
Wenn alle versammelt waren, setzte Mutter sich bei handbreit geöffneter Tür ans Klavier, und wir sangen »Stille Nacht, heilige Nacht«. Dann sprach Vater, während die Frauen, die Hände über dem Leib gekreuzt, himmelwärts blickten und die Kinder sich hinter den Schürzen der Mütter verkrochen. Die Geschenke wurden verteilt, die Frauen schütteten den Inhalt der bunten Teller in ihre Schürzen und gingen mit Dankesworten und Segenswünschen nach Hause.
Nun erst begann unsere eigene Bescherung. Vater war schon im Weihnachtszimmer verschwunden. Nach einer Weile hörten wir das Läuten einer kleinen Silberglocke, die Tür öffnete sich, und vor uns strahlte der Märchenbaum im Glanz seiner achtundvierzig Kerzen, so herrlich geschmückt, daß wir uns nicht satt sehen konnten: Da schwebten Christkindlein in winzigen Krippchen und Engelchen mit richtigen Federflügeln, bunte Papierketten zogen sich von Ast zu Ast, Strohsterne und Strohampeln glänzten im Kerzenschein. Kleine goldene und silberne Tüten mit Bonbons und in Rauschgold gehüllte Walnüsse hingen in den Zweigen, dazu Gebäck und Schokoladefiguren. Mutter brauchte uns gar nicht zu mahnen, erst den Baum und dann die Geschenke zu betrachten. Wir standen jedes Jahr still vor Entzücken.
Wir vier Kinder hielten die Basteleien für die Eltern

in den Händen und traten nacheinander vor, um unsere Gedichte zu sprechen. Wir hatten sie auf einem bunten Bogen aufgeschrieben, den wir zusammen mit den Geschenken den Eltern überreichten. Dann wurde »Am Weihnachtsbaume die Lichter brennen« gesungen, und jetzt erst durfte jeder seine Geschenke suchen. Zuerst etwas verwirrt, denn die weißgedeckten Tische waren lang und reich beladen, mußten wir erst einmal richtig schauen, bis wir entdeckten, was wir uns gewünscht hatten, und mit einem Jubelschrei nahm schließlich jeder von seinem Platz Besitz.

Sobald die Hausmädchen ihre Geschenke empfangen hatten, gingen sie, um das Abendbrot zu richten. Wir hatten aber weder Appetit noch Lust, uns von unseren Geschenken zu trennen, wenn der Gong ertönte. Doch selbst an diesem Tag verlangte Vater pünktliches Erscheinen und gesittetes Benehmen bei Tisch. Am Heiligen Abend gab es stets Karpfen, der delikat und, wie Mutter immer sagte, »mit dem Gewürz Sorgfalt« angerichtet war. Wir Kinder aßen nur wenig, und ausnahmsweise durften wir früher als sonst vom Tisch aufstehen.

Im Weihnachtszimmer waren die Lichter am Baum nun ausgelöscht und die Lampen angezündet worden. In ihrem Schein sah alles wieder anders aus. Wir nahmen uns jetzt meist die neuen Bücher vor, die wir zu den schönsten Geschenken rechneten, weil wir uns während der Feiertage einmal so richtig satt lesen konnten.

Während der drei Weihnachtstage durften wir bis auf Ausnahmen tun und lassen, was wir wollten. Die Eltern waren in festlicher Stimmung, und ich wartete gespannt auf den Augenblick, da sie sich ans Klavier setzen und vierhändig die »Weiße Dame« spielen würden.
Mutter zählte laut, denn Vaters Finger glitten gern zu eilig über die Tasten. Wenn Mutter dann nicht nachkam, rief sie: »Aber Mann, paß doch auf!«, und Vater fing unverdrossen wieder von vorne an. Wir hatten unser Vergnügen an dem Streitspiel der zwei kleinen und zwei großen Hände, bis am Schluß die Eltern, sich verschmitzt und triumphierend in die Augen sehend, lachend erhoben.
Jeden Abend wurden die Kerzen am Baum angezündet. Das Personal kam herein, und wir sangen Weihnachtslieder; alle waren eine große Familie.
Am ersten und zweiten Feiertag waren Besuche bei den Nachbarn angesagt, oder wir hatten selbst Gäste. Mit heimlicher Genugtuung stellten wir Kinder stets fest, daß *unser* Weihnachtszimmer doch das schönste war.

In den dunklen Rauhnächten zwischen Weihnachten und Dreikönig, wenn der Schneesturm ums Haus heulte und mit ihm um die Wette die Hunde in ihren Hütten, kuschelten wir uns wohlgeborgen in die dicken Federbetten. Es setzte nun die Zeit der strengen Winterkälte ein.

Schon morgens früh um vier – bevor sein Nachtdienst zu Ende war – kam leise Nachtwächter Schünke in die Schlafzimmer und heizte die Kachelöfen. Ich sah ihn im Halbschlaf vor dem Feuerloch knien, einen Kienspan entzünden, und bald knisterten und brannten die großen Holzscheite. Ein wunderbarer Duft nach Harz und Holz verbreitete sich im Zimmer.
Eine Stunde später trat leise ein Mädchen herein, legte nach und schloß den Ofen. Wenn wir dann um sieben Uhr aufstanden, knackte der Ofen bereits vor Hitze, und das Waschwasser siedete in der Röhre. Daß zum Aufstehen in der Winterkälte Überwindung gehört, habe ich erst später in der Stadt erfahren.

Und dann war Silvester da, ein Tag, fast so schön wie Weihnachten. Am Vormittag wurden Berge bezuckerter Pfannkuchen gebacken und mit feiner Marmelade gefüllt. Auf großen Platten wurden sie in der Röhre warm gestellt und abends zum Punsch serviert, den Vater in einer Punschterrine braute.
Mit einer goldenen Füllkelle, die einen langen gebogenen Stiel aus Ebenholz hatte – diese Kelle war ein Erbstück von Urgroßvater –, goß Vater die rote Flüssigkeit in die dünnen Gläser. Es war immer spannend für uns, ob nicht eins der Gläser springe. Aber in jedem stand ein silberner Teelöffel, damit, wie Mutter erklärte, die Hitze sich schneller vertei-

len konnte. In diese Teelöffel war hinten auf dem Stiel die Jahreszahl 1790 eingraviert. Auch sie stammten von Mutters Großvater, der von 1832–68 Polizeipräsident in Stettin gewesen war.

Vater hielt eine kleine Rede, und wir prosteten uns zu. Die Hausmädchen bekamen ihre Gläser nachgefüllt und verschwanden mit ihnen in ihren Zimmern. Jetzt wurde es spannend – es ging ans Bleigießen. In der Küche wurde im Herd das Feuer wieder entfacht, und eine wassergefüllte Schüssel wurde daneben gestellt. Jeder bekam ein Stück Blei, das er in einen langstieligen Löffel legte, der nur einmal im Jahr extra für diesen Zweck gebraucht wurde. Über dem Feuer schmolz das Blei schnell. Vom Löffel zischte es in das Wasser der Schüssel, und immer fand sich eine phantasievolle Tante, die das entstandene Gebilde deutete. Wir hörten ernsthaft an, was sie uns prophezeite. Am liebsten waren uns »Reisen« oder »Geld«, wovon wir freilich keinen Begriff hatten.

Dann machten wir uns ans Pantoffelwerfen. Wir stellten uns mit dem Rücken zur Tür in die Mitte der Küche und warfen den Pantoffel rückwärts über den Kopf. Wies er mit der Spitze zur Tür, bedeutete das ebenfalls eine Reise oder eine Veränderung im kommenden Jahr. Zeigte er jedoch langweiliges Daheimbleiben an, waren wir ganz enttäuscht.

Bei einem anderen Spiel, in die Zukunft zu schauen, stellten wir uns mit dem Rücken vors Feuerloch, bückten uns tief und sahen zwischen den Beinen hindurch in die Flamme. In ihr konnte man dann das Gesicht des Zukünftigen erblicken. Wollte man wissen, wie er hieß, mußte man einen Apfel so schälen, daß die Schale in einem Stück blieb. Warf man sie dann mit Schwung über den Kopf, konnte man den Anfangsbuchstaben des oder der Liebsten aus den Windungen der Schale lesen. Das gab natürlich Anlaß zu mancher Neckerei.

Während wir wieder in der Wohnstube um den Tisch saßen und die Berge von Pfannkuchen schon kleiner geworden waren, hörten wir plötzlich vom Hof her ein rasselndes Geräusch. Die Hunde schlugen an, und die Haustür sprang auf. Eine wilde Gesellschaft drängte herein, voran der »Bärenführer«. Er führte an einer Kälberkette ein ganz mit Stroh umwickeltes Ungeheuer, das stampfend und rasselnd tanzte, wenn er mit der Peitsche knallte. Einige andere grausliche Gestalten machten ebenfalls einen Höllenlärm und drehten sich zu den Klängen einer Ziehharmonika.

Jutta, die kleine Schwester, versteckte sich hinter Mutter und brüllte. Jedes Jahr zitterte sie vor diesem Spuk. Der Lärm hörte erst auf, wenn Vater das Zeichen gab, einer eine Frau darstellenden Maske, hinter der wir den Gärtnerburschen erkannten, den Korb am Arm mit Äpfeln und Nüssen zu füllen. Dazu legte Vater ein Geldstück. Dann zogen die »Unholden«, wie sie genannt wurden, unter Gerassel und dem Geläut einer großen Kuhglocke wieder

ab. Sie ließen zertretenes Stroh und Schneewasserpfützen auf der Diele zurück.
Die Mädchen, die der Lärm angezogen hatte, beseitigten schnell den Unrat. Auch Jutta beruhigte sich wieder, und Vater meinte, es sei nun an der Zeit, die Kühe sprechen zu hören. Einmal im Jahr, in der letzten Stunde der Silvesternacht, sei ihnen die menschliche Sprache verliehen.
Wir größeren Kinder hatten zwar kurz vorher die Eleven verschwinden sehen, warteten aber trotzdem gespannt auf dieses alljährliche Wunder. Wir zogen uns die Mäntel über, schlüpften in die Pelzschuhe und stapften über den vom Schnee blaß erhellten Hof hinter Vater her zum Kuhstall. Vor der Tür machte Vater halt und klopfte mit einem Handstock dreimal an.
Ein Muhen war die Antwort.
»Das war Paula«, flüsterte Heiner, bekam aber von Kurt einen Rippenstoß, denn man durfte bei dieser Prozedur nicht reden.
Vater ermahnte, den Finger auf dem Mund, ebenfalls zum Schweigen und bedeutete uns, nahe heranzutreten und das Ohr an die Tür zu legen.
Und richtig, wir hörten im tiefsten Baß eine menschliche Stimme: Die Kühe sprachen! Sie unterhielten sich über den vergangenen Sommer, lobten oder tadelten ihr Futter und schimpften auf die Melkmädchen. Nach einiger Zeit meinte Vater, es wäre gleich zwölf und damit der Zauber zu Ende.
Wir gingen tief beeindruckt oder erheitert zum Haus

zurück. Die Gläser wurden wieder gefüllt und die Fenster weit geöffnet. Mutter sagte: »Seid schön still, gleich beiert's.« Wir hielten den Atem an und tatsächlich: Aus der Ferne erklangen drei dünne Glockenschläge, die in das rhythmische Hämmern einer alten Melodie übergingen. Das »Beiern« war ein uralter Brauch. Auf dem Friedhof des Dorfes erstiegen einige Burschen den hölzernen Glockenstuhl und schlugen mit Hämmern an die zwei kleinen Glocken. Die Kunst war, diesen Glocken die Melodie zu entlocken.

Unirdisch zitterten die Töne durch die kalte, klare Luft. Wenn der letzte Ton verhallt war, wurden die Fenster geschlossen, und wir stießen auf das neue Jahr an.

Am Neujahrstag fuhren wir bei eisigem Frost in zwei Schlitten über knirschenden Schnee zur Kirche. Im Pfarrhaus wärmten wir uns auf, steckten in den kleinen kopfnickenden Missionsneger aus Porzellan, der auf der Diele stand, ein Geldstück, ergriffen Pelzdecken und Fußsäcke, denn es war kalt in der Kirche, gingen hinüber und setzten uns in unseren Patronatsstuhl, der neben der Orgel eingebaut war. Vater legte sein Ohr an die Wand der Orgel und lächelte erwartungsvoll vor sich hin. Denn wenn der Küster zu spielen begann, quietschte und blies es zuerst ganz jämmerlich in dem Orgelgehäuse, bis der Junge, der hinter unserem Gestühl die Bälge

trat, sich »eingetreten« hatte und die heiseren Töne klarer wurden. Während des Gesanges ging der Kirchendiener mit dem Klingelbeutel herum, den er an einer langen Stange in die Bankreihen schob.
Im Kirchenschiff saßen rechts die Männer, links die Frauen. Der Altar war aus dunklem Eichenholz geschnitzt. Das Rankenwerk wand sich zu beiden Seiten des Altars hoch bis zur Kanzel, faßte diese auf beiden Seiten ein und endete an der Balkendecke. Ich mußte an die »Hörner des Altars« aus der Bibel denken oder besser an die »Wurzeln« aus dem »Stamm Jesse«. Mit wieviel Liebe und Können muß der, der ihn vor Jahrhunderten schnitzte, bei seiner kunstvollen und mühsamen Arbeit gewesen sein!
Auf dieser Kanzel erschien jetzt der Kopf unseres alten Pastors mit langem weißem Vollbart, und wir vernahmen eine schöne Neujahrspredigt. Während der Schlußliturgie hörten wir vor der Kirche die Pferde scharren und schnauben, denn Kutscher Emil war schon vorgefahren, und in sausender Fahrt ging es bald darauf durch den Wald heim.
Die Diele duftete nach Bratäpfeln und Thymian, auf dem gedeckten Tisch im Eßzimmer funkelte in den Gläsern der Rotwein, von dem auch wir Kinder unseren Teil, freilich verdünnt, bekamen, und es wurde eine knusprig gebratene Neujahrsgans aufgetragen.
Bald nach Neujahr wurde der Weihnachtsbaum geplündert. Zuerst nahmen wir sorgfältig das Lametta und den künstlichen Schmuck ab. Alles wurde ge-

säubert und in Kartons mit der Aufschrift CHRISTBAUMSCHMUCK verpackt. Dann kommandierte Mutter: »Eins, zwei, drei!«, und wir stürzten los, um die Süßigkeiten abzureißen. Jeder durfte behalten, was er erraffen konnte. Kurt, der mit weitem Abstand der größte war, wurde von Mutter noch eine Weile festgehalten, bis auch er sich mit ein paar Griffen im oberen Drittel des Baumes seinen Anteil holte.
Damit das obere Drittel ganz geplündert werden konnte, mußte der Baum gekippt werden. Zum Schluß hatte jedes Kind einen ansehnlichen Haufen der begehrten Leckereien, mit denen wir die Tage vorher geliebäugelt hatten, vor sich liegen.
Jetzt erst war Weihnachten wirklich vorbei.

Es begannen nun die gemütlichen Winterabende. Nach dem Abendbrot fanden wir uns alle im Herrenzimmer um den großen runden Tisch zusammen. Es wurde respektiert, daß Vater sich zunächst in die Zeitungen vertiefte: die »Deutsche Tageszeitung«, die »Schivelbeiner« und die »Belgarder Kreisblätter«. Auch die beiden Eleven griffen danach. Die Erzieherin und wir Kinder besahen Bilderbücher; Mutter arbeitete an einer wunderschönen Schabracke, einer Satteldecke, für Vaters Sternkieker.
Nach einer Weile erhob sich Vater gewöhnlich, um sich eine seiner langen Pfeifen zu holen, die an einem Pfeifenbrett in einer Wandecke hingen. Dann wußten wir: Gleich wird ein Märchen er-

zählt! Wir kannten sie schon fast alle: von Grimm, Bechstein, Andersen. Aber am schönsten war es, wenn Vater uns eigene, selbsterdachte Geschichten erzählte. Er verstand es, eine so knisternde Spannung zu erzeugen, daß nicht nur wir Kinder, sondern auch die Erwachsenen mit Begeisterung zuhörten. Dies war der »Hörfunk« an unseren Abenden.

Zum Höhepunkt und »Fernsehabend« aber wurde es, wenn die Eltern sich erweichen ließen, die sorgfältig verpackte Laterna magica aufzustellen. Das kam drei- bis viermal während eines Winters vor und war jedesmal ein ganz großes Erlebnis.

Am meisten fesselten mich die Illustrationen zu Schillers »Glocke«. Auf jeder der kleinen Glasscheiben, die in den Schlitz der Laterna geschoben wurden, befanden sich vier abgeteilte Bilder, passend zu den Versen des Dichters. Es waren richtige kleine Gemälde in entzückenden Farben, die Figuren biedermeierlich gekleidet. Alles war so anschaulich gezeichnet – dazu die von Vater geradezu mit schauspielerischem Talent gesprochenen Verse.

Ich besinne mich, daß ich all die vielen Strophen der »Glocke« mit fünf Jahren ohne zu stocken hersagen konnte. Vater und Mutter trugen sie beim Vorführen der Bilder abwechselnd vor, und beschämt senkten die Eleven oder Besucher die Köpfe, sobald sie einmal aufgefordert wurden fortzufahren.

Bezeichnend für die Eltern waren »ihre Stellen«.

Vater sprach die Verse immer zwischen den vorgeführten Bildern, während Mutter die Deklamation sofort fortführte, sobald die Bilder erschienen: der Jüngling – blondlockig natürlich –, der sich mit stolzer und doch zarter Geste vom noch kindhaften Mädchen »losriß«, und auf dem zweiten Bild, nachdem er die Welt »durchstürmt« hatte, der Jungfrau »das schönste von den Fluren« in Form einer Feldblume hinreicht, die sie, lieb die Augen auf die roten Wangen niederschlagend, schüchtern ergreift. Dann der Brautzug: Die helle Sonne scheint hinter der froh schwingenden Glocke des Turmes hervor auf den wehenden Schleier der Braut, Kinder streuen Blumen, und die Brautjungfern im Zug, gleich hinter der Braut, haben runde Biedermeiersträuße in den Händen. Unter ihren langen zartfarbenen Kleidern schauen im Schreiten unglaublich schmale Füßchen in weißen, spitzen Schuhen hervor.

Auf einem der nächsten Bilder brennt das Haus, schrecklich lohend, und all die aufgeregten Menschen davor rennen durcheinander. Dann das nächste, ganz besonders eindrucksvoll: Die Zählung der vielen Häupter seiner Lieben durch den verzweifelten Vater. Welch Aufatmen jedesmal, daß keines fehlte!

Und dann eines der letzten Bilder: immer neu fließende Tränen – der schwarze Sarg, der die Mutter birgt, von schwarzen Gestalten auf den Schultern getragen, der Vater mit den vielen Kindern hinter-

drein. Diesmal scheint keine Sonne hinter der schwingenden Glocke des Kirchturms hervor – Schatten bedecken den Weg.
Dies ist jetzt fast achtzig Jahre her, und mir steht alles vor Augen, als sei es gestern gewesen. Ich spüre wieder die Spannung im Raum, höre die Stimmen der Eltern ... Auch einer der Eleven, damals neunzehn Jahre alt, erinnerte sich viele, viele Jahre später dieser wunderbaren Märchen- und Rezitationsabende. Er ist ein berühmter Wissenschaftler und Vogelkundler geworden.

Der Januar war bei uns in Hinterpommern sehr kalt. Aber wir haben selten gefroren. Stundenlang bis in die sinkende Dämmerung liefen wir draußen Schlittschuh, oder wir rodelten.
Von den Teichen, die das Gut umgaben, hieß einer der Filken. Im Sommer wurden hier die Pferde in die Schwemme geritten. Jetzt war er bis auf den Grund gefroren. Der Filken war länger als breit und gab eine gute Schlittschuhbahn ab.
Wir lernten alle nacheinander auf Mutters altmodischen Schlittschuhen eiszulaufen. Mutter versprach uns als Anreiz neue, sobald wir das Eislaufen richtig gelernt hätten. Sie selbst, zierlich und klein, zeigte uns, wie man leicht und in hübschen Bögen dahingleiten konnte. Aber das Nachmachen war schwierig. Als ich meine ersten Versuche machte, wurde deshalb ein »Stoßschlitten« mitgenommen. In ihm

hockten, in Pelzdecken gehüllt und die Füße im wärmenden Stroh, Heiner und Jutta. Dieser Schlitten hatte nämlich einen langen Griff, an dem ich mich festhalten konnte.
Den größeren Jungens und Kurt wurde das Schlittschuhlaufen aber bald zu langweilig, und sie gingen mit ihren »Piekschlitten« auf die Dorfteiche. Ein »Piekschlitten« hatte zwei niedrige Kufen, über die ein Brett genagelt war, auf das man sich kniete. In jeder Hand einen Stock, in den ein geköpfter Nagel eingeschlagen war – die »Pieke« –, stießen sich die Jungens vorwärts und flitzten mit Geschrei über das Eis.

Am 31. Januar war Mutters Geburtstag. Am Tage vorher zogen wir in den Wald, um an einer bestimmten Stelle, am »Scheiwen Euwer«, unterm Schnee Bärlapp oder Schlangenmoos auszugraben. Wir kratzten das Grün mit vieler Mühe hervor, packten es in Rucksäcke und ließen es daheim im Keller abtauen. Am nächsten Morgen flochten wir daraus eine Girlande und bekränzten mit ihr Mutters Stuhl am Frühstückstisch. Jedes Geburtstagskind fand stets die Blumen oder Pflanzen der entsprechenden Jahreszeit an seinem Stuhl und Platz.
Nachmittags kamen die Gäste. Schlitten und Kutschen fuhren vor, und die große Diele glich bald einer Kleiderkammer, obgleich die Damen in besonderen Räumen ablegten. Für sie wurde im Salon

Kaffee in zierlichen Tassen mit goldenen Mokkalöffeln serviert und auf schönen alten Tellern Kuchen angeboten. Die Herren nahmen den Kaffee im Herrenzimmer ein, wo sie rauchen konnten.
Wir Kinder mußten die Gäste begrüßen und wurden dann hinausgeschickt. Aber in den Wirtschaftsräumen gab es genug zu sehen. Zum Backen und Kochen war an diesem Tage extra eine Kochfrau aus der Stadt engagiert, unter deren Händen zu Mutters Geburtstag immer als höchstes der Gefühle eine Eisbombe entstand. Das war Tradition.
Wenn das Stubenmädchen Mutter gemeldet hatte, daß angerichtet sei, begaben sich die Gäste in langem Zuge in das Eßzimmer, voran Mutter am Arm eines der Herren aus der Nachbarschaft. Wir Kinder sahen zu. Meist war Mutters Tischherr der dicke Klemper. Er war so dick, daß bei Tisch die Serviette auf seinem ungeheuren Bauch wie auf einer schrägen Ebene lag. Darüber hin spazierten die Speisen in unglaublicher Menge in seinen Mund, nicht ohne ihre Spuren auf der Serviette zu hinterlassen.
Wir Kinder aßen an diesem Tage mit der Erzieherin und dem Kindermädchen im Kinderzimmer. Zum Schluß bekamen auch wir von der Eisbombe. Und das war etwas ganz Besonderes, denn Eis gab es nur einmal im Jahr, zu Mutters Geburtstag am 31. Januar!
Nach dem Essen meldete das Mädchen, daß die Russen vorm Haus ständen und Mutter ein Ständ-

chen bringen wollten. Alle zogen sich schnell warm an und traten auf die Terrasse hinaus. Etwa zwanzig Russen, Gefangene des Ersten Weltkriegs, standen davor und sangen ihre schwermütigen Lieder. Vater ließ Schnaps und Tabak an sie verteilen, ehe sie wieder davonstapften. Wir Kinder mußten uns jetzt von den Gästen verabschieden und zu Bett gehen. Im Halbschlaf hörten wir noch, wie die Schlitten vorfuhren und die Schlittenglöckchen in der Ferne verklangen.

Im März oder auch April erst schien die Macht des langen Winters gebrochen. Auf den verschneiten Feldern zeigten sich schmale, schwärzliche Rinnsale – die Schneedecke begann einzusinken. Das Bächlein im Garten gluckste wieder, und Wildgänse zogen in langer Kette nach Norden.
Um diese Zeit gingen wir in die Wälder, um Birkenzweige für unsere Osterruten zu schneiden. Wir steckten sie in hohe braune Krüge und stellten sie auf den Bratofen in der Küche. Dort trieben die Zweige bald Knospen, und zum Osterfest zeigten sie zarte Blätter.
Am Osterabend banden wir aus diesen Zweigen »Stiepruten«, die wir mit auf unsere Zimmer nahmen. In dieser Nacht schliefen wir Kinder unruhig, denn am anderen Morgen früh um acht durften wir die Eltern »stiepen«. Leise traten wir in das noch verdunkelte Schlafzimmer und an die Betten von

Vater und Mutter, die sich schlafend stellten. Wir schlugen mit den Ruten auf das untere Ende der Bettdecken – mehr wagten wir nicht – und sangen dazu:

Stiep, stiep, Osterei!
Gibst du mir kein Osterei,
Stiep ich dir das Hemd entzwei.

Die Eltern zogen nun die Lade ihres Nachttischchens auf, worin für jeden von uns ein besonders schönes Osterei lag.
Der Frühstückstisch war am Ostermorgen festlich gedeckt. Auf dem weißen Tischtuch lagen grüne Zweige, dazwischen standen in kleinen Vasen Frühlingsblumen und Schüsseln voll buntgefärbter Eier. Gleich nach dem Frühstück begann das Eiersuchen. Das Wetter ließ es selten zu, daß die süßen Eier im Garten versteckt werden konnten. Meistens lagen noch Reste von Schnee, oder der Boden war so aufgeweicht, daß man ihm die Zuckersachen nicht anvertrauen konnte. War das Frühjahr also kalt und feucht, wurde im Kinderzimmer und auf der Diele gesucht. Vaters Verstecke befanden sich in den »oberen Regionen« der Zimmer: Wandborde, Uhrenkasten, Bilderrahmen und Gardinenkästen. Hier suchte Bruder Kurt, während wir drei anderen alle übrigen verdächtigen Plätze absuchten.
Feierten wir aber ein »grünes Osterfest«, dann bot der Garten mit seinen Büschen und Beeten, hohlen

Baumstümpfen und Steingruppen die herrlichsten Verstecke. Sogar von den Astgabelungen der Bäume leuchteten dann bunte Nester herab.
»Ach«, rief Mutter plötzlich, »habt ihr gesehen? Eben lief der Hase um den Walnußbaum.«
Wir rannten alle hin – und richtig: Da lag am dicken Stamm des alten Baumes ein Nest aus grünem Stroh voller glitzernder Zuckereier. Die sahen aus wie aus Milchglas, weiß oder auch rosa und himmelblau. Rings um so ein Ei lief eine farbige Zuckerrüsche, und auf der Vorderseite war ein Relief, braune Häschen oder gelbe Küken im Nest, zu sehen. Ich fand diese Eier viel schöner als die glatten Schokoladeneier mit Marzipanfüllung.

Als ich zwölf Jahre alt war, durfte ich zum erstenmal meinen älteren Bruder und unseren Ferienbesuch begleiten, um das Osterwasser zu holen.
Früh um vier Uhr, lange vor Sonnenaufgang, wurden wir Mädchen von den Jungens geweckt. Verstohlen gähnend, fröstelnd und plierig, schlüpften wir in die Kleider und folgten unseren »Beschützern«, von denen sich einer vorsorglich das Tesching umgehängt hatte.
Leise tappten wir durch das schlafende Haus. Draußen empfingen uns die Hunde mit freudigem Gewinsel. Sie konnten gar nicht begreifen, weshalb wir ihnen, ohne ein Wort zu sagen, wild gestikulierend bedeuteten, wieder in die Hütte zu gehen.

Der Gang zum Osterwasser mußte vor Sonnenaufgang und schweigend geschehen. Man durfte dabei nicht nur nicht sprechen, sondern auch nicht lachen oder sich umsehen. Das Osterwasser wurde sonst »Schladderwasser« und verlor seine Wirkung. Richtig geholt aber verlieh es Gesundheit, Jugend und Schönheit. Auch durfte es nur aus einem Bach geschöpft werden, der von Morgen gen Abend floß. Wusch man sich gleich am Bach, so durfte man auf dem Rückweg sprechen. Füllte man das Wasser aber in Krüge, war man von dem Sprechverbot erst erlöst, wenn man das Osterwasser über die Schwelle des Hauses getragen hatte.
Wir beschlossen, uns am Bach zu waschen. So brauchten wir keine Krüge mitzuschleppen und konnten vor allem auf dem Rückweg wieder schwatzen und lachen.
Wir gingen durch den noch dunklen Garten, über die Obstkoppel, wo sich dann der Weg über eine Wiese nach dem Walde zu verlor. Im Grund am Waldrand brauten die Nebel. Erlkönigs Töchtern gleich tanzten die Schwaden hin und her. Uns gruselte ein bißchen, und wir schritten schneller aus. Im Wald war es noch sehr dunkel. Wir verfehlten den Weg, Zweige schlugen uns ins Gesicht, und einer sagte: »Au!« Ganz entsetzt starrten wir uns an, beschlossen aber stumm, dies eine Wort nicht gehört zu haben.
Endlich hörten wir den Bach glucksen. Der Boden wurde morastig, wir glitschten aus, und unsere

Schuhe füllten sich mit Schlamm. Die Jungens standen schon mit entblößtem Oberkörper da und schöpften sich das kalte Wasser mit der flachen Hand über Gesicht und Rücken – sie schienen wohl ganz besonders schön bleiben oder werden zu wollen. Wir Mädchen mußten an uns halten, um nicht laut loszuprusten.

Wir setzten uns auf einen großen Stein, der halb im Wasser lag, und benetzten uns nur flüchtig das Gesicht. Wir fröstelten. Alles war ein bißchen unheimlich. Auf dem Rückweg hatten wir zunächst ganz vergessen, daß wir nun wieder sprechen durften. Erst als wir den Wald hinter uns gelassen hatten, fielen zaghaft die ersten Worte. Der Nebel lichtete sich, der Wiesenpfad war deutlicher zu sehen, und über dem Garten lag ein grauer Schein.

Aus einer der Leutestuben unten im Haus schimmerte ein Lichtstrahl. Wir spähten durchs Fenster: Da lag Nachtwächter Schünke auf der Ofenbank und schlief. Sein alter Dackel Racker lag unter der Bank und schlief auch. Am Ofen lehnte der lange Spieß. Leise, um den alten Mann nicht aufzuwekken, der sich seinen Schlaf redlich verdient hatte, schlichen wir vom Fenster weg.

Weil die Sonne noch nicht aufgegangen war, beschlossen wir, die Dorfleute beim Osterwasserholen zu überraschen. Durchs Dorf floß ein Bächlein, die Bornbeck genannt. An ihrem Ufer war ein kleiner, mit einigen dicken Bäumen bestandener Anger. Wir drückten uns an die Stämme und warteten.

Nach einer Weile kam der alte Zibell. Er trug in jeder Hand einen Eimer. Nachdem er beide vollgeschöpft hatte, stürzten wir hervor, um ihn zu erschrecken. Wir umtanzten ihn wild und schnitten Gesichter dazu. Aber er sah nicht auf und sagte nichts, obgleich wir ihn immerfort neckten und ihn bis zu seiner Kate umtanzten. Erst als er die Eimer über die Schwelle getragen und abgestellt hatte, brummte er vor sich hin. Er füllte das Wasser in Flaschen und gab den Rest aus den Eimern dem Vieh zu trinken.

Derweil hatten wir uns mit unseren Stiepruten eingeschlichen und stiepten die Urahne und die alte Großmutter, die zusammen in einem Bett unter einer riesigen Federdecke lagen. Auch die Mutter und die Tochter, die am Tag vorher ein Kind geboren hatte und mit dem Säugling im Arm im Bett des Alkovens schlief, mußten dran glauben. Um die Quälgeister loszuwerden, stand Mutter Zibell auf und beschenkte uns aus der Eierschüssel auf dem Lehmofen.

Die Sonne war nun strahlend aufgegangen. Der Hof lag in rosarotem Schein. Wir gingen ins Haus, holten uns neue Ruten und stiepten die Mädchen, die gerade aufstehen wollten. Sie jammerten und wehrten sich, aber die Jungens zogen ihnen Dekken und Kissen fort, und es hagelte Schläge auf die nackten Beine und Füße.

Der Frühling kam nun wirklich mit Brausen. Hatte er den Kampf mit dem Winter einmal ausgetragen, dann stand plötzlich über Nacht alles in Blüte, und ein unbeschreiblicher Duft lag über dem Land. Die Luft war glasklar, und die Vögel im Garten sangen und zwitscherten so laut, daß man beim Morgengrauen die Fenster schließen mußte, wenn man noch ein wenig weiterschlafen wollte.
Eines Tages kam ein Leiterwagen, hoch beladen mit kleinen und größeren Birkenbäumchen, auf den Hof gefahren. Vater hatte die »Pfingstmaien« schlagen lassen, denn das »liebliche Fest« stand vor der Tür.
Kutscher Emil lehnte die zwei größten Bäume rechts und links neben unsere Haustür und warf eine Menge Zweige dazu, die zum Ausschmücken der Zimmer dienten. Jeder Hausvater aus dem Dorf nahm sich sein Maibäumchen mit, und sogar vor jede Stalltür wurde eins gestellt. Hofmeister Pinnow sorgte dafür, daß jeder Baum in einem Eimer mit Wasser stand. So blieben die Blätter frisch und glänzend, bis das Fest vorüber war.
Pfingsten war ein frohes Fest, weil es den langen, schönen Sommer eröffnete, der meist weit bis in den Oktober hinein warm und trocken blieb. Am ersten Pfingsttag fuhren wir morgens zur Kirche. Am Nachmittag spendierte Vater der Jugend eine fröhliche Fahrt auf einem mit »Maien« geschmückten Leiterwagen.
Kutscher Emil hatte seine liebe Not mit den vielen

jungen Leuten. Wir »Großen« waren ja nun schon halb erwachsen, und die Eleven, Wirtschaftslehrlinge und Inspektoren zogen uns jetzt schon mal ins Vertrauen, wenn es sich um zartere Dinge handelte. Und Schmitte Franz, der Dorftrottel, der dem alten Schünke half, die Holzscheite ins Haus zu schaffen und in die Kisten neben den Öfen zu verteilen, blieb jedesmal wie angewurzelt stehen, um mir verzückt nachzuglotzen.

Mutter sah es einmal und fragte ihn: »Na, Franz, was guckst du Fräulein Lotte nach?«

Da grinste er von einem Ohr zum anderen und flüsterte: »Sei is so 'n schmuck Mäke.«

Zugleich mit dem »lieblichen Fest« kündigten sich die Verwandten aus Berlin an. Wir Kinder waren voller freudiger Erwartung, denn es kamen gewöhnlich sechs bis sieben Vettern und Cousinen aus dem hungrigen Berlin angereist. Es waren die letzten Jahre des Ersten Weltkrieges, und die Eltern erzählten uns vom gerade überstandenen schlimmen »Steckrübenwinter« und daß alle sich einmal so richtig satt essen sollten. Aus dem gleichen Grund nahmen die Güter im Osten Kinder aus dem Ruhrgebiet auf, die »Ruhrkinder«. So freuten wir uns auf die vielen Hausgenossen.

Kaum aber hatten wir uns beschnuppert, begann das große Frotzeln, wobei wir pommerschen Gören der »Berliner Schnauze« natürlich unterlegen waren.

»Ihr lebt ja hundert Jahre hinter dem Mond zurück«, höhnten besonders die lieben Vettern. Das traf tief. Die reizvolle Landschaft, den gutgedeckten Tisch fanden sie zwar schön und angenehm – aber diese hundert Jahre! Wir ärgerten uns grün und blau, denn wir hatten dem nichts entgegenzusetzen, wie wir meinten, und waren dazu einem Gast gegenüber auch zu höflich erzogen worden. Sicher, wir waren, ohne es recht zu empfinden, noch nach den Anschauungen der Generation unserer Großeltern erzogen worden. Zum Beispiel zu mehr »Distance«, wie meine Großmutter einmal meiner Mutter riet, als ich mich gar zu innig an Freundin Erna anschloß. Aber eben auch zu den preußischen Tugenden: Aufrichtigkeit, Bescheidenheit, Sparsamkeit, mehr sein als scheinen – Haltung eben.
Mochte sich anfangs auch ein kleiner Mißton einschleichen, ländliche Ferienfreuden, das Streifen durch Felder, Ställe und Wälder, Theaterspielen bei Regenwetter, all dies begeisterte die »blöden Städter« zunehmend und ließ den anfänglichen Kummer bald vergessen. Aus losen verwandtschaftlichen Beziehungen wurden Freundschaften fürs Leben.
Besonders Vater mit seinen abendlichen Gruselmärchen trug dazu bei, dieses »biedere Landleben« spannend und aufregend zu machen. In seiner Jugend in Westpreußen, in der Stadt Bromberg an der Brahe, war er als der »verrückte Primaner« bekannt gewesen, weil er manchmal im Abenddämmern der guten Akustik wegen von der Brahe-Brücke herun-

ter den »Faust« deklamierte, den Faust mit sonorer, Mephisto mit quäkender, das Gretchen aber mit sanfter, heller Stimme und Frau Marthe im schleimigen Ton. Die wenigen Bromberger, die zu dieser »nachtschlafenden« Zeit noch unterwegs waren, sagten dann: »Das ist der ›verrückte Primaner‹!«
Ja, Vater wäre so gerne Schauspieler geworden. Aber so was wurde man damals nicht. Man wurde Offizier oder Landwirt. Basta!
Aber seine Sehnsucht hat Vater nie verlassen. Das kam uns Kindern später zugute. Ich selber hatte, halb erwachsen, auch dahingehende Ambitionen, wurde aber »auf den Rittergutsbesitzer dressiert«. Umsonst – ich heiratete 1929 einen Schauspieler. Heute ist meine Tochter eine bekannte Schauspielerin, einer meiner Söhne ist Schauspieler, eine meiner Enkelinnen ist es ebenfalls, und eine zweite ist dabei, es zu werden.
Sein Kabinettstück aber hat Vater mit ins Grab genommen. Und das hatte seine Gründe: Wir hatten nun schon so viele Märchen, Geschichten, Gedichte, Sagen und Heldenerzählungen gehört, daß er schier verzweifeln mußte! Eines Abends – der Sturm sauste ums Haus, das inzwischen installierte elektrische Licht flackerte, erlosch völlig, Kerzen wurden angezündet – sagte Vater langsam mit gedämpfter Stimme: »Wißt ihr, daß ich meinen Kopf abnehmen und unterm Arm tragen kann?«
Totenstille. Mutter sagte warnend: »Aber Mann!« Die Eleven und die größeren Kinder feixten leise.

Vater blieb ganz ruhig. Er erhob sich, öffnete seinen Bücherschrank und suchte eine Weile darin herum. Dann schüttelte er grübelnd den Kopf und setzte sich wieder. Er hatte uns eine vollendete Szene vorgespielt, wie ich sie später auf dem Theater nicht spannender gesehen habe. Nach einer Weile meinte Vater, sobald er das nächstemal zur Stadt fahre, müsse er aus der Apotheke ein ganz bestimmtes, sehr seltenes Zaubermittel, ein Salz von grüner Farbe, mitbringen. Ohne dieses Salz könne er sein Experiment nicht vorführen. Wie geheimnisvoll: grünes Salz! Nun ja, es lohnte sich wohl abzuwarten. Aber wochenlang, sogar jahrelang vergaß er stets, dieses grüne Salz mitzubringen. Oder es war gerade nicht vorrätig. Und plötzlich waren wir fast flügge. Wir vergaßen es, vielleicht war's dann auch nicht mehr so interessant.

Als ich viel später selbst Kinder hatte, erinnerte ich ihn einmal an den »Kopf unterm Arm«, den er uns schuldig geblieben war. Da lächelte er geheimnisvoll – und schwieg.

Mit den gemütlichen Schulstunden im Giebelzimmer bei der Erzieherin war's nun vorbei. Kurt war schon seit zwei Jahren in einer Schülerpension in Kolberg, wo er das altberühmte Domgymnasium besuchte. Jetzt bestand ich die Aufnahmeprüfung für das Lyzeum. Die »beiden Kleinen« waren sieben und acht Jahre, und so beschlossen die Eltern, in

Kolberg einen Schulhaushalt für uns einzurichten. In der Brunnenstraße wurde eine Wohnung gemietet und eine Hausdame engagiert, die uns betreuen sollte.

Die Kolberger Schuljahre waren für uns eine unvergeßliche Zeit. Mutter dagegen sagte oft, dieser Schulhaushalt sei »ein Nagel zu ihrem Sarg«, und sie würde gern einmal »Hausdame bei sich selber sein«. Denn außer Essig, Salz und Zucker brauchte die Hausdame nichts einzuholen, weil alle paar Wochen Kutscher Emil mit einem Wagen voller Lebensmittel in der Brunnenstraße vorgefahren kam und täglich die nötige Menge Milch, Fleisch und dergleichen mit der Kleinbahn als Expreßgut geschickt wurde. Wenn man zudem bedenkt, daß wir die schweren Jahre 1917 bis 1923 schrieben, so wird klar, daß unsere Hausdamen wirklich ein beneidenswert sorgloses Dasein führten. Sie brauchten sich über den Küchenzettel den Kopf nicht zu zerbrechen.

Unser Schulhaushalt war so eingerichtet, daß die beiden Brüder und wir Schwestern je ein Zimmer miteinander teilten. Ein drittes bewohnte die Hausdame, und in der Mitte war ein großer Wohn- und Eßraum. Mutter hatte die vier Zimmer einfach und zweckmäßig eingerichtet und zeigte uns alles voller Stolz, als wir einzogen. Im Wohnzimmer stand sogar ein Klavier, worüber ich mich besonders freute. Die gefühlvollen Backfischjahre lagen vor mir, und am Klavier konnte ich singen und träumen.

Begeistert nahmen wir Wohnung, Schule, das Städtchen mit seinen Plätzen und Kuranlagen und nicht zuletzt Strand nebst Meer »in Besitz«.
Unser alter Landpastor, der unsere frühen Kinderjahre begleitet hatte, war inzwischen emeritiert worden und bewohnte das Parterre eines Hauses, das dem unseren gegenüber lag. Jeden Morgen, wenn wir zur Schule gingen, stand er am Fenster und nickte uns zu. Mit stillem Vergnügen beobachtete er unsere verschiedenen Temperamente.
Als erster verließ Bruder Kurt das Haus. Er war lang und schlaksig, trug die meerblaue Pennälermütze lässig auf einem Ohr, Anzug und Schuhe waren in tadelloser Ordnung. Ich kam als zweite. Im Hause des Pastors wohnte meine Freundin Lotte, und wir warteten immer aufeinander, um untergehakt und schnatternd den Schulweg gemeinsam anzutreten. Heiner folgte uns auf dem Fuße, bog aber bald zu seiner Schule ab. Dann kam eine lange Pause. Unser guter Pastor zog schon unruhig seine Taschenuhr, bis plötzlich die Haustür aufflog und Jutta herausgeschossen kam. Mit fliegenden Zöpfen, den Mantel noch offen und den Schulranzen nachlässig unter den Arm geklemmt, scheeste sie die Straße entlang. Das war jeden Morgen so und nicht zu ändern.

Das Lyzeum war ein schöner und moderner Bau, der kurz vor dem Krieg errichtet worden war. Das

dreistöckige mattgrün verputzte Gebäude lag an einer stillen Seitenstraße. Es hatte drei Eingänge von der Straße her, an der rechten Seite führte ein grüngestrichenes Eisentor zum Schulhof und zu den beiden Hintereingängen. Auf dem Hof sprudelte in zwei Becken Wasser aus kleinen Fontänen, an denen wir in den Pausen unseren Durst löschen konnten. Hier schloß sich auch die große Turnhalle mit ihren zahlreichen Geräten und dem Umkleideraum an. Durch die Eingänge kam man über breite Treppen zu den sich durch das ganze jeweilige Geschoß hinziehenden drei Korridoren, von denen jeder in einer anderen Farbe gekachelt war: die erste Etage blau, die zweite grün und die dritte braun; entsprechend waren die Türen zu den einzelnen Klassenzimmern gestrichen. In der Mitte des Korridors der zweiten Etage bewachten drei mosaikbunte Säulen die Tür zum Zimmer des Direktors. Gegenüber führten drei hohe Glastüren in die Aula, deren sechs sehr große, bunte, bleigefaßte Fenster – eines zeigte, wie ich mich erinnere, das Kolberger Stadtwappen – ein festlich gedämpftes Licht gaben. Über dem Eingang war eine Empore mit einer Orgel.
Wir hatten ausgezeichnete Lehrer, die von uns geliebt und verehrt wurden und die uns als Erzieher Richtung und Ziel wiesen. Ihr Einfluß ging so weit, daß wir auch außerhalb der Schule immer einen leisen Zwang verspürten, uns manierlich zu betragen. Und ich kann nicht sagen, daß ich das damals als unangenehm empfunden hätte. Wir haben nicht

darüber nachgedacht. Es war selbstverständlich, daß wir uns anständig betrugen als Schülerinnen dieser Schule, der wir Dank schuldeten. Welch großen, das ist mir allerdings erst viel später bewußt geworden. Damals machte ich mir wenig Gedanken darüber, wie mich das Schicksal begünstigt hatte, daß ich meine Schulzeit in Kolberg und an dieser Schule verleben durfte.

An heißen Sommertagen ging ich mit meinen Freundinnen zum Strand hinunter. War die See spiegelglatt, konnte ich vom Seesteg oder vom Steg des Damenbades bis auf den sandigen Grund sehen, wo die kleinen Flundern sich in den Sand wühlten und ihn ab und zu aufwirbelten. Sie kitzelten unter der Fußsohle, wenn man beim Baden zufällig auf sie trat. Bei normalem Wind und Wellengang tobten wir uns in der Brandung müde, die erst bei Sturm gefährlich wurde. Dann zogen wir uns an und liefen auf die Mole, die die Hafeneinfahrt schützte, und wenn der Gischt der anrollenden Wogen über die starke Mauer sprühte, konnten wir das Salz des Meeres auf den Lippen schmecken. Am Molenkopf aber brandete die See hoch, so daß wir, wollten wir nicht gänzlich durchnäßt werden, kreischend und lachend den Rückzug antreten mußten. An kühlen Tagen spazierten wir im Park hinter den Dünen bis zur Waldenfeldschanze oder am Fischereihafen vorbei zur Maikuhle.

Im Winter aber zogen wir zum Wallgraben hinter dem Schwibbogenhaus. Dort waren am Ufer nied-

rige Holzbänke aufgestellt; unsere Kavaliere knieten vor uns und schnallten uns die Schlittschuhe an. An manchen Tagen spielte eine Kapelle auf dem Eis, und die Paare drehten sich elegant im Walzertakt. Auf dem Heimweg trugen uns die »Herren« chevaleresk die Schlittschuhe und begleiteten uns zu einem Bummel über die Münderstraße. Mit gesegnetem Appetit kamen wir von solchen Ausflügen heim.
Im Treppenhaus summte die Gaslampe, und im Wohnzimmer stand das Abendbrot auf dem Tisch. Unsere Hausdame, Fräulein Einer, zündete die Hängelampe an, die mit sanftem Rauschen ihr Gaslicht verbreitete.

Fräulein Einer hatte ein Vogelgesicht: stechende schwarze Augen und eine sehr große Nase. Sie war Mitte der Vierzig, was sie nicht hinderte, sich in unseren Hauswirt zu verlieben. Dieser, Herr Bräuner, war ein gemütlicher, rundlicher Herr in den Fünfzigern, der bei der Post beschäftigt war. Seine Frau, die Frau Oberpostsekretär, wie sie sich selbst titulierte, war von geradezu überwältigender Geschwätzigkeit. Sie war der absolute Herr des Hauses. Kein Wunder, daß Herr Bräuner manchmal einen über den Durst trank, um seinen häuslichen Kummer zu ertränken. Dann mußte Fräulein Einer der Frau Oberpostsekretär helfen, den schweren Mann ins Bett zu schaffen.
Diese nachbarliche Hilfe mag wohl den Anlaß zu

ihrer Verliebtheit gegeben haben. Und als ich eines Tages aus der Schule kam, stand Fräulein Einer verlegen lächelnd mit Herrn Bräuner im Treppenhaus. Als sich Herr Bräuner hastig verabschiedete, fragte sie mich, ob es nicht hübsch ausgesehen habe, wie der Träger ihrer weißen Schürze ihr die Schulter hinabgeglitten sei. Mir war das gar nicht aufgefallen, und hinter den Sinn dieser koketten Frage bin ich auch so schnell nicht gekommen. Aber wenig später schrieb Frau Bräuner meiner Mutter einen Brief, worin sie sich über das zunehmende Interesse unserer Hausdame für ihren Mann beklagte. So kam es, daß Fräulein Einer um des lieben Friedens willen bereits nach einem halben Jahr ihre Stellung aufgeben mußte.
Ihre Nachfolgerin war Fräulein Lüdeke. Sie war die Tochter eines Pastors, schon älter, aber zierlich und behende. Ich liebte sie sehr, und wir verstanden uns prächtig, denn sie konnte wie ein Backfisch schwärmen. Wenn Fräulein Lüdeke am Klavier saß und schmetterte:

Flieg auf, Frau Schwalbe mein,
Du sollst mein Liebesbote sein ...

oder

Ich trag' ein glückselig
Geheimnis mit mir herum ...

dann ließ sie den Haushalt Haushalt sein und zerfloß vor Gefühl – und ich mit ihr.

Aber diese künstlerischen Ambitionen wurden ihr eines Tages zum Verhängnis. Mutter kam im Sommer öfter einige Tage nach Kolberg, um sich zu erholen, und hatte für diesen Zweck ein Zimmer in unserer Straße gemietet. Zu den Mahlzeiten kam sie dann zu uns herüber.

Eines Morgens, so um zehn Uhr, betrat sie unser Wohnzimmer, um zu frühstücken. Als sie die Tür öffnete, prallte sie entsetzt zurück. Im Zimmer klopfte ein Mädchen vom Gut, das sie zur Entlastung von Fräulein Lüdeke mitgebracht hatte, bei fest geschlossenen Fenstern das Sofa. Damals gab's noch keinen Staubsauger.

Mutter tastete sich durch die grauen Staubschwaden und riß erst einmal die Fenster auf, dann fragte sie nach Fräulein Lüdeke. Aber das Mädchen deutete nur auf den gedeckten Frühstückstisch, auf dem neben der eingestaubten Butter ein Zettel lag: BIN IM FRÜHKONZERT! KAFFEE IN DER BRATRÖHRE! Fast im selben Moment trat das pflichtvergessene Fräulein Lüdeke ein, sichtlich beschwingt von den Melodien der »Mondnacht auf der Alster«. Noch in derselben Stunde mußte sie ihre Koffer packen. Mutter blieb unerbittlich.

Mit der nächsten Hausdame hatten wir abermals Pech. Sie gab uns nicht genug zu essen, ließ aber die großen Landbrote im Keller verschimmeln, wahrscheinlich weil sie zu bequem war, sie heraufzuholen, oder es überhaupt vergaß. Mich hatte sie außerdem »schwer beleidigt«.

Ich hatte mich anläßlich eines Schülerballs einer mir bekannten Familie angeschlossen, die mich eine Stunde später als verabredet vor der Haustür ablieferte. Da man mir den Hausschlüssel nicht anvertraut hatte, mußte ich mich bemerkbar machen. Der uns begleitende Jüngling warf einige Handvoll Steinchen an das Fenster, hinter dem die Hausdame schlief. Sie öffnete nach einer Wiederholung des Bombardements und geiferte zu unser aller Entsetzen: »Du wirst noch einmal vor die Hunde gehen!«

Auch dieser Drachen flog nach kurzer Zeit hinaus.

Mit ihrer Nachfolgerin verstand ich mich gut. Sie sang so schön und innig. Und eigentlich immerzu, bei jeder Arbeit. Ich lernte begeistert diese Lieder auswendig, und ich trug sie in den Ferien zu Hause vor.

Einmal sah ich, wie die Eltern sich dabei so seltsame Blicke zuwarfen. Sie erklärten mir, daß dies sogenannte geistliche Volkslieder seien, und fragten, ob denn Frau N. nie andere Lieder singe. Ich verneinte wahrheitsgemäß. Mir fiel jetzt aber auf, daß diese Lieder von Frau N. eigentlich stets mit äußerst sehnsuchtsvollem Ausdruck gesungen wurden: »Paradi-ies, wie ist deine Frucht so sü-ü-üß. Führ uns, Herr, ins Pa-ra-a-di-ies!« Zum Schluß schluchzte Frau N. fast immer, und sie mußte sich auf ihr Bett legen, wo wir sie nicht stören durften.

Einmal sollte unsere uralte, siebenundachtzigjährige Flurnachbarin, das noch ganz biedermeierliche

Fräulein Starke, auf inständiges Bitten von Frau N. hin auf ihrem Klavier das schöne alte Lied »Dies ist der Tag des Herrn« mit mir zusammen einüben. Das heißt, ich sollte es zu ihrer Klavierbegleitung singen. Wir taten es Frau N. zu Gefallen. Und als wir's dann endlich geschafft hatten und Frau N. baten, ihr das Lied vortragen zu dürfen, kam sie feierlich ganz in Schwarz herein und setzte sich mit gefalteten Händen. Kaum aber war der letzte Ton verklungen – ich freute mich bereits auf ein Lob –, schluchzte Frau N. laut auf, rannte hinüber in unsere Wohnung und in ihr Zimmer, wo sie sich einschloß. Nun, wir waren selber gerührt, daß sich Frau N. durch uns so hatte rühren lassen. Aber sie kam und kam nicht mehr zum Vorschein. Es wurde Abendbrotzeit. Ich lauschte an ihrer Tür, rüttelte schließlich daran – und plötzlich sprang die Tür auf. Ein schauerlicher Schnapsgeruch schlug mir entgegen. Frau N. lag in ihrem Bett und schnarchte ganz fürchterlich; vor dem Bett lag die leere Flasche.
So mußte uns auch diese Betreuerin verlassen.

Endlich traf Mutter die richtige Wahl: die schuldlos in Not geratene Witwe eines Gutsbesitzers übernahm den Posten.
Sie war Mitte der Dreißig und von ansehnlicher Körperfülle. Aber Muttchen Rakow, wie wir sie bald nannten, verstand, sich bei uns in Respekt zu setzen. Sie hatte eine unwiderstehliche Art, uns zu

kleinen Hilfeleistungen einzuspannen. Wegen ihrer Körperfülle fiel ihr das Treppensteigen schwer. Darum mußte Kurt die Kohlen aus dem Keller holen, ich das Holz, Heiner das Brot und Jutta die anderen Vorräte.

Dieser tägliche Gang in den Keller war besonders im Winter sehr unbeliebt, und wir schoben ihn deshalb so lange hinaus, als es ging. Dann mahnte Muttchen Rakow: »Lieselottchen! Holz muß geholt werden!« Wenn nichts erfolgte, weil ich noch irgendeine schnell zu erledigende Schularbeit vorschützte, sah sie nach einer Weile wieder herein und rief: »Leergebrannt ist die Stätte!« Wenn dann wieder nichts geschah, öffnete sie nur ein wenig die Tür, schob den leeren Holzkorb herein und sagte dabei kurz und bündig: »Die Glocke!« Dann wußte ich, was es geschlagen hatte und daß der Gang in den Keller nun wirklich unaufschiebbar war.

Konnte ich abends nicht ins Bett finden, weil mich die Lektüre eines Buches oder eine andere Beschäftigung so in Anspruch nahm, sah sie mich neckend an und rezitierte:

Das Lämpchen, das brennt trübe:
Es fehlt sie an das Fett,
Der Jüngling, den ich liebe,
Der liegt schon lang im Bett.

Dann mußte ich mich geschlagen geben.

Ja, Muttchen Rakow! Wie sehr habe ich sie geliebt!

Sie war mütterlich, streng, verständnisvoll und voller Liebe, viele, viele Jahre – bis zu ihrem frühen Tode während des Zweiten Weltkriegs. Sie mußte mit einem simplen Armbruch ins Krankenhaus und starb an einer Embolie.
Im Jahr 1935 überraschte sie mich mit einem Artikel, den sie für eine Kolberger Zeitung geschrieben hatte und den sie mir – heute ist er ganz vergilbt und verschlissen – zum dreißigsten Geburtstag schickte. Es war eine ganz, ganz große Freude für mich und ihr letztes Geschenk. Ich füge diese hübschen Erinnerungen in vollendetem pommerschen Platt hier bei (Übersetzung im Anschluß, S. 94):

Harwst in Kolberg

Wenn einer so spazieregeht, kann hei dat im Harwst ganz ruhig daue. Im Soamer is dat ne anert Sach. Ja, worüm denn? Denn sünn dei Boargäst hier! Vom April an vertelle sich all Lür, wat sei strike und tapeziere wille. Im Mai rückt dat overall nah Faru und Seep, denn ware dei Disch und Bänk schuert und so as »Anreiz« vort Doar stellt. Poar Zettels mit MÖBLIERTE ZIMMER hänge uk all am Fenster. Oawer dat hätt noch nich väl tau sägen. Im Juni ward dat alles mit Iwer bedräwe, denn ware dei Stuwe uträumt.

Dei Kolberger trecke int Soamerstuw; sei woahne denn im »Bodong« oder im »Stallong«.

Un endlich im Juli, denn koame dei Boargäst – orer uk nich. Zettel hängt an Zettel, overall ward uppast, Kolberg sitt up de »Wartburg«. Is ne grote Unrauh im Hus, bet alles besett ist, un denn geht dei Wirtschaft eiste richtig los. Immertau wille dei Boargäst wat. Un häwwe sei endlich alles, wat sei nahher goar nich brüke, den geht't ant Vertelle.

»Och nee, wat is dat kult! In Berlin is't vell warmer. Bübchen hett hüt blot veir mal boart.«

Ick warn dei junge Frug, dei Jung ward sich verkülle.
»Nee, hei is dat gewennt, hei ward jere Sünnoamend in ne Wann boart.«
Richtig liggt dei klein Kehl nah zwei Doage im Berr, hei haust erbärmlich, hätt de Dürchfall und fewert. Dei ist also vorlöpig oawer Sir. Nu kümmt dei Frug ranne. Vom Boare is sei kuriert. Nee, sei nimmt »Lüft- und Sonnenbäder«.
Ick warn sei werrer, sei ward plötzöich tau sehr verbrenne.
»Och nee, ick hew all oft mit Bübchen inne Anloage säte in Berlin. Ick verbrenn nich.«
Noah twei Doage liggt sei uck! Sei hätt sich am Maikuhlestrand int prall Sünn leggt, blot son kort Boarhos an. Dat Brunware duert tau lang, doa müßt hulpe ware. Wotau hätt Bübchen denn sone feine Emmer von Wertheim krege? Dei ull Jung liggt noch im Berr, hei speelt nich mit dem Emmer. So ward sein Mutter sick derre mitnähme un sick am Strand ümmer düchtig dat Gesicht, dei Arm un Bein mit Woater begeite. Dei Erfolg bliwwt nich lant ut: Sei süht rot ut as eier koackt Krewt un plustert ganz un goar aw; overall hett sei grot Bloase. Sei hült un schriggt, kann nich goahe un nich ligge – sei is also uck ut'm Wege. Ick legg Bottermelckslappen up, dat tüht dere Brand ut, un nah twei oder drei Doag geht sei mit dem nu uck werrer gesunne Bübchen ut. Nu sinn sei kuriert: Dei Jung boart eis am Doag, un sin Mutti sett sich inne Koarw.

Wieldeß dei berre krank were, was dei junge Ehmann up Awweg geroare: Hei angelt! Dit was so dat Schlimmste, wat passiere künn. Min Mäke müßt all dei ulle norpliche Kattfisch schroape, ick müßt sei broare, un dei Boargäst müßte sei ete.
Twei Doag was dat sehr schön. Dunn füng dei Mann an tau mäkle. Derre drürre Dag att hei man noch twei Boarsch, dunn hört hei ball up mit derre Angelig un sett sick bi sine Frug inne Strandkoarw. Sei krege ehr Doag ball tau Enn, reste aw, brun as Negers, und wille dat anner Joahr werrer koame.
In ehre Stuw kamm ne Doam mit nen grote Junge. Sei kamm ut de Angst nich rute. Dei Bengel boart uck ümmertau un schwomm so wiet weg, dat sin Mudder em goar nich mehr seihe künn. To Hus gaw dat denn wat rute: Sei schimpt, hei hült, jerer hat recht. Die Lür schleipe beim oapene Fenster, dat würe blot tau moackt bi Rgewerrer un Sturm. Sei harre veel gaud Werrer hatt, blot twei Nächte störmt dat, doar weer also dat Fenster tau. Am letzte Morge fraug mi dei Doam, ow ick katholisch weer? Nee, dat weer ick nich, worüm sei dat meint? Tje, sei harr in derre beire letzte Nächte drömt, üm ehr rüm weer so en Weihrauch. Ick rert ehr dat oawer ut, sei glöwt, sei har drömt. As sei nu weg were, frög ick dei ull Doam ut derre annerte Stuw, wo ehr dat güng und wo sei schloape harr? Ehr güng dat twei Nächte lang goar nich gaud. Sei künn nicht schloape, un dei Kopp deer ehr so weih. Wat sei denn dogegen moake deer, ow sei Pulver ore Pille inneime? Nee,

sei drünk eiste Balderjansdruppe un denn rew sei sick derre Kopp doarmit in. Un dies Geruch was durch dei Doar toage un har dei annert Doam in't katholisch Kirch versett! Dei Doams was uk sehr nervös un was upwackt von dem gräßlichen Geruch. Ich harr mi all gliek so wat dacht. Dei ull Doam wröhnt dei ganz Tid över so rümme, sei drünk denn veir Gläs mit Balderjantee, dei ümmer inne Spieskammer ansett wür. Mi wundert, dat von dem Geruch nich alle Katte ute ganze Noarwerschaft bi uns instiege dere.
Nah disse ulle Frug kem eis ein jung Fru. Dei harr uck eine kleine Junge. Sei were vom Lann, und Mutti müßt eiste rasch nah'm Frisör. (Doar möte sei alle henn, ow sei vonne Spree orer vom »Krumme Woater« koame.) Dies klein Jung weer nu sehr tautruglich un blewe bi mi. Hei woas veir Joahr, un alles, was em nieg: dat Gas, dei Woaterleitung un nich tau knapp dat Speulklosett. Hei wer doar so oft west, dat ick kein Angst mehr harr üm si dröge Hose. Ick schlot nicht mehr die Doar up, dunn kreeg hei Langwiel und Hunger. Hei mücht wat ete. Ick gaw em ne Stull. »Nee«, seggt dei Knirps tau mi, »dat Brot ät ick nich. Wenn ick inne Stadt bünn, kann ich keir Brot verdräge, denn kann ick bloßig Kuchen verdräge, orer wenn du keine hest, uck Schacklor.« Mit Rücksicht up sine empfindliche Moage kreg hei von beire Deile. Dunn kam sin Mudder, dei noch nah'm Zahnarzt wull. Hei schull noch ne halw Stunn bi mi bliewe, sei versprök em

ne Luftballon un ne Pistol. So 'n bet argwöhnisch kek hei ehr an, bohrt sick inne Näs und seggt: »Dit will ick di woll glöwe, dat du der Dinger hier krieggst. Harst du mi oawer seggt, as du dat do Hus ümmer möckst, ick schull mit, wenn dei Faken wascht ware, dann har ick di dat nich glöwt, hier hewwe sei kein Faken, ick hew dei Tante all froagt.«
Bei einer Fomilj im Hus woant ein Herr, dei sehr komisch Gewohnheite harr. Hei kam gege Morge nah Hus un stünn kort vor twölwe up und güng tau sinem Middagstisch. Doarnah leggt hei sick werrer hen int Berr, tog oawer sine Gardine nich tau – jerer kühn em bekike. Tam Oawenbrot güng hei werer weg und kem spoar orer früh werrer. Anmelle sull hei sick nier nich, dat harre sin Verwandte besorgt, dei harre ok derre Meldeschein. Wi dachte hier im Hus, dei Herr weer bi deere Speelbank angestellt. Nee, wiet gefehlt – hei weer eier hog Herr vom Gericht!
Von Netti und Peterchen heww ick jo noch goar nich vertellt. Netti war ein Hund, ein Hund, als nich veel Hunn giwwt. Hei harr ungefähr alle Rasse in sich vereinigt, blot eier Bernhardiner schiente doar noch mang tau fehle. As ick derre ulle Köter sagg, dacht ick gliek, hei künn nich anners as Netti orer Anni heite, so ultmodisch sagg dat Tier ut. Uem diese Netti weer sier ull Frölein int Bad reest. Netti müßt Luftverännerung hewwe, Netti müßte all Doag Kalwerknoake un Ries koackt ware, sier Frölein weer blot för Netti doar. Sei wull so gern mit'm

Dampfer fäure, oawer Netti müßt denn groar spazieregoahe, also unnerblew dei Dampferfoart.
Peterchen hörte einem annere Frölein un was eier ganz schwart Kaoter. Mit Peterchen wür uck vell upstellt. Güng sier Frölein weg, namm sei em am schwarte Band mit. Dat leet sei oawer ball sinn, dei Jungens werre tau unnütz hinner ehr. Nu würd Peterchen an dem Band anbunne un inne Stuw loate. Hei gnoagt dat Band entwee, un hoppheidi, was hei weg ut'm Fenster. Nu weer groot Kummer bi sinem Frölein. Us ganz Gegend müßt säuke helpe – keir Peterchen was tau finne. Klock tegen wast't düster, hülend güng dat ull Frölein in ehr Stuw.
Wer lag doar in sinem Berr? Peterchen! Oawer nich alleine, nee, hei harr sich sinem Frölein ihr Oawenbrotsflunner mitnoahme in sine Koarw un fragtt sei gemütlich up. Dat Frölein reeste bald aw: Peterchen künn weerer utriete, un noch moal so 'n Attack höle ehr Nerve nich ut.
Oawer dei Nerve von dei Kolberger Vermeirers, dei meute dat alles uthulle. Dei meute Bübchens un Angelig un verloren Ring un Nettis und Peterchens öwerstoahe. Is man gaud, dat't ne ganze Tid duert bet der nächste Boartid.
Nu kann einer ruhig spazieregoahe, dei leiwe Bekannte besäuke, oahn gliek von Boargäste tau höre. Nee, nu is Plummenmus, dei billig Blumenkohl un dei Wintertuffle dat Gespräch. Dei Harwst is tau schön in Kolberg, uppe Dünepromenaor is nich so vull, inne Maikuhl erst recht nich. Mi kam't hüt voar

as ein ganz nieg Gegend. Doar mut einer noch oft hingoahe, solang as dei Brügg noch liggt ower dere »Strom«, as dei ulle Kolberger stolz dei Persant nenne daue.

Herbst in Kolberg

Wenn einer so spazierengeht, kann er das im Herbst ganz ruhig tun. Im Sommer ist das eine andere Sache. Ja, warum denn? Dann sind die Badegäste hier! Vom April an erzählen sich alle Leute, was sie streichen und tapezieren wollen. Im Mai riecht es überall nach Farbe und Seife, dann werden die Tische und Bänke gescheuert und als »Anreiz« vor die Tür gestellt. Ein paar Zettel mit MÖBLIERTE ZIMMER hängen auch schon am Fenster. Aber das hat noch nicht viel zu sagen. Im Juni wird das alles mit Eifer betrieben, dann werden die Stuben ausgeräumt.

Die Kolberger ziehen in die Sommerstube; sie wohnen auf dem Boden oder im Stall, im »Stallong«.

Und endlich im Juli kommen dann die Badegäste – oder auch nicht. Zettel hängt an Zettel, überall wird aufgepaßt, ganz Kolberg wartet, sitzt sozusagen auf der »Wartburg«. Es ist eine große Unruhe im Haus, bis alles besetzt ist, und dann geht die Wirtschaft erst richtig los. Immerzu wollen die Badegäste etwas, und haben sie endlich alles, was sie nachher gar nicht brauchen, dann geht's ans Erzählen.

»Ach nein, was ist das kalt! In Berlin ist's viel wärmer. Bübchen hat heute bloß viermal gebadet.«
Ich warne die junge Frau, der Junge würde sich erkälten.
»Nein, der ist das gewöhnt, er wird jeden Sonnabend in der Wanne gebadet.«
Tatsächlich liegt der kleine Kerl nach zwei Tagen im Bett, er hustet erbärmlich, hat den Durchfall und fiebert. Der ist also vorläufig »auf der Seite«, außer Gefecht. Nun kommt die Frau dran. Vom Baden, möchte man meinen, ist sie kuriert. Nein, sie nimmt »Luft- und Sonnenbäder«.
Ich warne sie wieder, sie würde sich plötzlich zu sehr verbrennen.
»Ach nein, ich habe schon oft mit Bübchen in den Anlagen gesessen in Berlin. Ich verbrenne mich nicht.«
Nach zwei Tagen liegt sie auch! Sie hat sich am Maikuhlenstrand in die pralle Sonne gelegt, bloß so eine kurze Badehose an. Das Braunwerden dauert zu lange, da muß nachgeholfen werden. Wozu hat Bübchen denn so einen feinen Eimer von Wertheim gekriegt? Der dumme Junge liegt noch im Bett, er spielt nicht mit dem Eimer. Den wird sich seine Mutter mitnehmen und sich am Strande immer tüchtig das Gesicht, die Arme und Beine mit Wasser begießen. Der Erfolg bleibt nicht lange aus: Sie sieht rot aus wie ein gekochter Krebs und blättert ganz und gar ab; überall hat sie große Blasen. Sie heult und schreit, kann nicht gehen und nicht

liegen – sie ist also auch aus dem Wege. Ich lege Buttermilchlappen auf, das zieht den Brand heraus, und nach zwei oder drei Tagen geht sie mit dem nun auch wieder gesunden Bübchen aus. Nun sind sie kuriert: Der Junge badet einmal am Tag, und seine Mutter setzt sich in den Strandkorb.
Während die beiden krank waren, ist der junge Ehemann auf Abwege geraten: Er angelt! Das ist so das Schlimmste, was passieren konnte. Mein Mädchen muß all die kleinen Fische schrubben, ich muß sie braten, und die Badegäste müssen sie essen.
Zwei Tage war das sehr schön. Dann fing der Mann an zu mäkeln. Am dritten Tag aß er nur noch zwei Barsche, dann hörte er bald auf mit der Angelei und setzte sich zu seiner Frau in den Strandkorb. Sie kriegten ihre Tage bald zu Ende, reisten ab, braun wie Neger, und wollen im nächsten Jahr wieder kommen.
In ihre Stube kam eine Dame mit einem großen Jungen. Sie kam aus der Angst nicht raus. Der Bengel badet auch immerzu und schwamm so weit weg, daß seine Mutter ihn gar nicht mehr sehen konnte. Zu Hause gab's dann was: Sie schimpfte, er heulte, jeder hatte recht. Die Leute schliefen bei offenem Fenster, das wurde bloß bei Regenwetter und Sturm zugemacht. Sie hatten meist gutes Wetter, bloß zwei Nächte stürmte es, da war also das Fenster zu. Am letzten Morgen fragte mich die Dame, ob ich katholisch sei. Nein, das sei ich nicht, wie sie darauf komme? Tja, sie habe in den beiden

letzten Nächten geträumt, um sie herum wäre Weihrauch. Ich redete ihr das aus, und sie glaubte, sie habe geträumt. Als sie nun fort waren, fragte ich die alte Dame aus der anderen Stube, wie es ihr gehe und wie sie geschlafen habe? Ihr war es zwei Nächte lang gar nicht gutgegangen. Sie konnte nicht schlafen, und der Kopf tat ihr so weh. Was sie denn dagegen gemacht habe, ob sie Pulver oder Pillen genommen habe? Nein, sie trinke zuerst Baldriantropfen und reibe sich dann den Kopf damit ein. Und dieser Geruch war durch die Tür gezogen und hatte die andere Dame in die katholische Kirche versetzt! Die Dame war ja auch sehr nervös gewesen und von dem gräßlichen Geruch aufgewacht. Ich hatte mir gleich so etwas gedacht. Die alte Dame jammerte die ganze Zeit so herum, sie trank dann vier Gläser mit Baldriantee, der immer in meiner Speisekammer angesetzt steht. Mich wundert, daß von dem Geruch nicht alle Katzen aus der ganzen Nachbarschaft bei uns eingestiegen sind.
Nach dieser alten Frau kam eine junge Frau. Die hatte auch einen kleinen Jungen. Sie waren vom Lande, und Mutti mußte zuerst rasch zum Friseur. (Da müssen sie alle hin, ob sie von der Spree oder vom »Krummen Wasser« kommen.) Dieser kleine Junge war sehr zutraulich und blieb bei mir. Er war vier Jahre alt, und alles war ihm neu: das Gas, die Wasserleitung und vor allem das Spülklosett. Er war dort so oft gewesen, daß ich keine Angst mehr hatte um seine trockenen Hosen. Ich schloß die Tür nicht

mehr auf, da kriegte er Langeweile und Hunger. Er möchte was essen. Ich gab ihm eine Stulle. »Nee«, sagte der Knirps zu mir, »das Brot esse ich nicht. Wenn ich in der Stadt bin, kann ich kein Brot vertragen, dann kann ich bloß Kuchen vertragen, oder wenn du keinen hast, auch Schokolade.« Mit Rücksicht auf seinen empfindlichen Magen kriegt er von beidem was. Dann kam seine Mutter, die noch zum Zahnarzt wollte. Er solle noch eine halbe Stunde bei mir bleiben, sie versprach ihm einen Luftballon und eine Pistole. So 'n bißchen argwöhnisch sah er sie an, bohrte in seiner Nase und sagte: »Das will ich dir wohl glauben, daß du die Dinger hier kriegst. Hättest du mir aber gesagt, wie du das zu Hause machst, ich soll mit, wenn die Ferkel gewaschen werden, dann hätte ich dir das nicht geglaubt, hier haben sie keine Ferkel, ich habe die Tante schon gefragt.«

Bei einer Familie im Haus wohnte ein Herr, der sehr komische Gewohnheiten hatte. Er kam gegen morgen nach Hause, stand kurz vor zwölf auf und ging zu seinem Mittagstisch. Danach legte er sich wieder ins Bett, zog aber seine Gardinen nicht zu – jeder konnte ihn sehen. Zum Abendbrot ging er wieder weg und kam spätnachts oder frühmorgens wieder. Anmelden wollte er sich hier nicht, das habe ein Verwandter besorgt, der habe auch den Meldeschein. Wir dachten hier im Haus, der Herr sei bei der Spielbank angestellt. Nein, weit gefehlt – er war ein hoher Herr vom Gericht!

Von Netti und Peterchen hab' ich noch gar nicht erzählt. Netti war ein Hund, wie es nicht viele Hunde gibt. Er hatte ungefähr alle Rassen in sich vereinigt, bloß ein Bernhardiner schien dazwischen zu fehlen. Als ich den alten Hund sah, dachte ich gleich, er könne nicht anders als Netti oder Anni heißen, so altmodisch sah das Tier aus. Wegen dieses Netti war sein altes Frauchen ins Bad gereist. Netti mußte Luftveränderung haben, Netti mußte alle Tage Kälberknochen und Reis gekocht bekommen, sein Frauchen war bloß für Netti da. Sie wollte so gerne mit dem Dampfer fahren, aber Netti mußte gerade dann spazierengehen, also unterblieb die Dampferfahrt.

Peterchen gehörte einem anderen Fräulein. Peterchen war ein ganz schwarzer Kater. Mit ihm wurde auch viel angestellt. Ging sein Fräulein aus, nahm sie ihn am schwarzen Band mit. Das ließ sie aber bald sein, denn die Jungens waren zu unsinnig hinter ihnen her. Nun wurde Peterchen angebunden und in der Stube zurückgelassen. Er biß das Band entzwei, und hoppheidi, er war weg aus dem Fenster. Das bereitete seinem Fräulein großen Kummer. Unsere ganze Gegend mußte suchen helfen – kein Peterchen war zu finden. Schlag zehn wurde es dunkel, heulend ging das alte Fräulein in ihre Stube.

Wer lag da in seinem Bett? Peterchen! Aber nicht alleine, nein, er hatte sich die Abendbrotflunder seines Fräuleins in seinen Korb mitgenommen und fraß sie gemütlich auf. Das Fräulein reiste bald ab: Peterchen könnte wieder ausreißen, und eine weitere solche Attacke hielten ihre Nerven nicht aus. Aber die Nerven der Kolberger Vermieter, die müssen das alles aushalten. Die müssen Bübchens und die Angelei, müssen verlorene Ringe und Nettis und Peterchens überstehen. Ist nur gut, daß es eine ganze Weile dauert bis zur nächsten Badesaison! Nun kann man ruhig spazierengehen und liebe Bekannte besuchen, ohne gleich von Badegästen zu hören. Nein, nun liefern Pflaumenmus, der billige Blumenkohl und die Winterkartoffeln den Gesprächsstoff. Der Herbst ist zu schön in Kolberg. Auf der Dünenpromenade ist es nicht so voll, in der Maikuhle erst recht nicht. Mir kam heute alles vor wie eine ganz neue Gegend. Da muß man noch oft hingehen, solange die Brücke noch über den »Strom« führt, wie die alten Kolberger die Persante nennen.

*

Unter Muttchen Rakows Regie wurden wir auch zur Tanzstunde angemeldet. Kurt und ich besuchten denselben Kursus. Der Andrang war groß, denn es war der erste Tanzunterricht nach dem Kriege. Mehrere Jahrgänge fanden sich im Schützenhaus hinter dem Schwibbogen ein, und es war für die alte Tanzlehrerin schwierig, die richtigen Paare zusammenzustellen.

Frau Gerwitz war zweiundsiebzig Jahre alt, aber man konnte sie für ein junges Mädchen halten, wenn sie in weißer Seidenbluse und schwarzem Faltenrock graziös Tanzschritte vorführte oder den Hofknicks zeigte. Aus der Nähe hatte sie freilich ein winziges Altfrauengesicht mit stark geschminkten Wangen, die von einer dicken Puderschicht bedeckt waren. Puder und Schminke waren aber zu jener Zeit noch verpönt, und so kann man sich vorstellen, welch eine Sensation die alte Gerwitzen in dieser Aufmachung für uns darstellte.
Trotz ihrer schwachen Stimme verschaffte sie sich in dem großen Saal – wir waren vierzig Paare – auf ihre Weise Gehör: Sie schlug zwei linealartige Hölzer so lange aneinander, bis Ruhe im Saal war. Einmal hatten ihr die Jungens die Hölzer versteckt. Da wartete sie ruhig, bis sie wieder zum Vorschein kamen. Wir wollten ja selbst vom Tanzunterricht keine Minute verlieren.
Wir lernten Walzer, Schlittschuhläufer, Menuett, Valse bleu, Krakowiak und als Krönung die Quadrille à la cour.
An einem Ende des Saales saßen auf einer Balustrade, der Drachenfels genannt, die Angehörigen, um zuzuschauen. Muttchen Rakow nahm Heiner und Jutta mit, und manchmal war auch Mutter dabei.
Nach dem Tanzkursus waren wir »gesellschaftsfähig«, selbst ich mit meinen vierzehn Jahren. Auf den anschließenden Schülerbällen war ich sogar eine

begehrte Tänzerin. Meine Kavaliere waren Freunde meines Bruders Kurt, alle stolze Untersekundaner. Heimlich schwärmte ich für einen ganz bestimmten Jüngling, und er erhielt die Erlaubnis, mich zweimal in der Woche zur Klavierstunde zu begleiten. Er riß sich darum, mir die Noten zu tragen. Einmal gestand er mir auf dem Hinweg im Abenddämmern seine Liebe. Ich war hingerissen, und die Klavierstunde wollte kein Ende nehmen, denn mein Ritter hatte versprochen, mich nach der Stunde unten vor dem Haus zu erwarten. Wir gingen durch den dunklen Park, und hier endete ganz plötzlich diese Liebe. Denn mein Ritter versuchte, mich zu küssen. Blitzschnell hatte er eine schallende Ohrfeige weg. Verblüfft sah ich ihm nach, als er auf dem Absatz kehrtmachte. Von der Liebe und ihren Handgreiflichkeiten hatte ich erst einmal genug, und ich kehrte in die Welt meiner Träume am Klavier zurück.

Meine Freundin Lotte wohnte gegenüber. Wir konnten uns gegenseitig in der Nähe des Fensters am Klavier sitzen sehen. Was Lotte spielte, sah ich an ihrem Gesichtsausdruck, besonders wenn sie sich den betörenden Klängen der »Serenade von Toselli« hingab. Diese war das abgegriffenste Notenblatt meiner Sammlung, das auch ich dann auflegte. Oder ich spielte die »Rosenlieder« des Grafen Eulenburg und die »Auffliegende Schwalbe« von

Fräulein Lüdeke. Da das alles im Sommer bei weit geöffneten Fenstern geschah, nannten mich die wohlwollenden Nachbarn die »Nachtigall von der Brunnenstraße«, was ich beschämt und stolz zugleich zur Kenntnis nahm.

Auf unserer Etage wohnte, wie schon erwähnt, als Nachbarin eine siebenundachtzigjährige Dame. Die drei Zimmer, die Fräulein Starke ganz allein bewohnte, waren vollgestopft mit schönen Empire- und Biedermeiermöbeln. Sie besaß auch ein Klavier und liebte die Musik. Mit ihren gichtigen Händen begleitete sie sich selbst, und es war rührend anzuhören, wenn sie mit leicht brüchiger Stimme sang.

Eins von ihren Liedern ist mir besonders in Erinnerung geblieben:

Ein Mädchen ging spazieren
Wohl in des Waldes Grund,
Und als sie dort sich bückte,
Zum Strauß sich Blumen pflückte,
Da kam ein bunter Falter
Und küßte ihren Mund.

Verzeih mir, sprach der Falter,
Verzeih mir mein Vergeh'n!
Ich wollte Blumen pflücken
Und hatte deine Lippen,
Dein rosarotes Mündchen
Für Blumen angeseh'n.

Da sprach zu ihm das Mädchen:
Für dies, du kleines Ding,
Will ich dir gern vergeben.
Doch merke dir daneben:
Nicht blühet diese Blume
Für jeden Schmetterling.

Dieses alte Dämchen fühlte sich zu Lotte und mir hingezogen, denn sie war trotz ihres hohen Alters noch sehr rege, und sie liebte die Jugend. Außerdem hatte Mutter unserer Hausdame ans Herz gelegt, sie öfter zum Essen einzuladen.

Weil ich nun gern Käse aß und das gute Fräulein Starke sich erkenntlich zeigen wollte, brachte sie mir eines Abends unter einer Glasglocke einen Käse mit, da sie, wie sie sagte, alleine schon zu lange davon gegessen habe. Als ich die Käseglocke hob, lief mir der Käse bereits entgegen. Das arme Fräulein Starke hatte mit ihren alten Augen nicht gesehen, was sie sich seit einigen Tagen aufs Brot gestrichen hatte. Ich brachte die madenwimmelnde Käseglocke mit zartem Dank in die Küche. Fräulein Starke hat nie davon erfahren. Sie starb mit neunundachtzig Jahren bei Freunden auf dem Lande.

In ihre Rechte trat eine andere alte Dame, die ebenfalls im Hause wohnte: Mutter Wolfgram.

Sie las uns Märchen vor, und wurde besonders von Jutta und Heiner mit Beschlag belegt, die immer wieder das Märchen von der blinden Königstochter

hören wollten, das in »Auerbachs Kinderkalender« stand.
Wir Großen waren froh, wenn wir die beiden kleinen Quälgeister los wurden. Vor allem Jutta, so blaß und dünn sie war, hatte einen zähen Willen, uns zu ärgern. Ich beschloß deshalb zusammen mit meiner Freundin Lotte, ihr eine nachhaltige Lehre zu erteilen.
Wir hatten in der Schule gerade die »Merseburger Zaubersprüche« durchgenommen, mit denen man in alter Zeit Krankheiten vertrieben haben will. Wir erklärten nun Jutta, daß ihre Blutarmut keinen anderen Grund habe, als daß sie Würmer hätte, die sie von innen bald ganz auffressen würden. Mit diesen Zaubersprüchen aber könnten wir die Plagegeister austreiben. Jutta leuchtete das ein. Muttchen Rakow war Gott sei Dank nicht da, und so hatten wir freies Feld.
Jutta mußte sich ausziehen, und wir steckten sie ins Bett. Im dunklen Wohnzimmer deckten wir ein Laken über den Eßtisch und stellten eine brennende Kerze darunter, die nun ein magisches Licht ausstrahlte. Mitten ins Zimmer aber setzten wir einen Nachttopf, in den wir ein verschnörkelt buntbemaltes Blatt Papier legten. Auf dieses gossen wir dampfendheißes Wasser und deckten den Topf mit einer Serviette ab. Dann hüllten auch wir uns in weiße Laken aus dem Wäscheschrank, stäubten die Gesichter mit Mehl ein und malten uns schwarze Kreuze auf die Stirn.

Nun holten wir Jutta aus dem Bett. Sie stand wie versteinert da und starrte auf den Dampf, der unter der Serviette hervor aus dem Nachttopf stieg. Stumm zerrten wir die nackte, zitternde Jutta zu dem Nachttopf, rissen die Serviette mit einem Ruck herunter und bedeuteten ihr, sich auf den Topf zu setzen, was sie nach einigem Widerstreben und verschiedenen Ansätzen auch tat.
Dann begannen wir mit dumpfer Stimme unsere Zaubersprüche herzusagen, wobei wir um die hokkende Jutta herumtanzten. Als unser Programm erschöpft war und wir genug von unseren Gliederverrenkungen hatten, schleppten wir Jutta ins Bett zurück. Jetzt wieder geisterhaft stumm, deckten wir sie bis über den Kopf zu und verließen, immer noch ohne ein Wort zu sagen, das dunkle Schlafzimmer. Draußen aber lachten wir uns über den gelungenen Spaß erst mal gründlich aus. Wir fanden damit kein Ende, immer wieder überfiel uns das Lachen, und wir kicherten, wenn wir uns die Requisiten unseres Geisterspaßes ansahen.
Plötzlich aber fiel uns auf, daß Jutta nicht zum Vorschein kam. Wir horchten an der Schlafzimmertür: Nichts regte sich. Jetzt bekamen wir es mit der Angst. Sollte Jutta ...? Erst nach einer langen Weile schlichen wir uns an Juttas Bett. Nichts rührte sich. Sollte sie etwa ...? Es war ja alles möglich ... vor Schreck ... ein Herzschlag ...?
Ängstlich schlug ich die Bettdecke zurück. Da lag Jutta, sah uns mit großen Augen vorwurfsvoll an

und sagte sehr ungnädig: »Wie lange soll ich denn noch warten, bis es weitergeht?«
Jahrzehnte später traf ich meine Freundin Lotte in Norddeutschland wieder. Sie erinnerte sich, als ich sie fragte, noch sehr genau an diesen Würmerspaß, und sie zeigte mir ihrerseits ein vergilbtes Blatt, auf dem sie damals in der Kolberger Zeit einen Traum von mir in Verse gesetzt und gedeutet hatte. Darunter stand mit Rotstift (ihr Onkel war Lehrer) und mit kräftigen Zügen:

Da nahet sich auf hohem Schimmel
Charlotte mit dem Heiratsfimmel.

Was für ein Traum mag das wohl gewesen sein, den ich Lotte erzählt hatte und der sie inspirierte, ihn in Verse zu setzen und zu deuten? Wir waren jedenfalls damals zutiefst gekränkt wegen der beleidigenden Zeilen des Onkels darunter.

In den Schulferien fuhren wir nach Hause. Sobald die Ferien in Sicht waren, fragte ich Mutter, ob meine Freundin Gustel mitkommen dürfe. In dem Brief stand jedesmal: »Darf ich Gustel mitbringen?« Ferien ohne Gustel konnte ich mir nicht vorstellen. Gustels Vater war schon 1914 gefallen, und ihre Mutter mußte sich und ihre beiden Töchter von einer kleinen Kriegerwitwenrente erhalten. So war das schon in der damaligen Nachkriegszeit. Gustel war klein und zierlich und immer fröhlich. Sie lachte gern, und so stand es auch in der Klassenzeitung:

Was tollt dort in Z.
So froh durch Feld und Busch,
's ist Liselottes Freundin,
Die Gustel, husch, husch.
Wie wehen die Locken
Bei Spiel und bei Tanz,
Wie sonnig und wonnig
Ist Gustelchen ganz.

War es endlich soweit, zogen wir zum Kolberger Kleinbahnhof. Dort trafen wir alle Schüler, die von den Gütern an der Strecke stammten. Der alte Schaffner Hinzpeter paßte auf uns auf. Er wußte längst, wo jeder aussteigen mußte. Die Fahrt mit der Kleinbahn, dem »Groß-Jestiner D-Zug«, dauerte von Kolberg bis Stolzenberg drei Stunden. Für uns beinahe eine Weltreise, obgleich unser Gut nur sechsunddreißig Kilometer von Kolberg entfernt war. Aber die Bahn machte große Bogen, fuhr erst bimmelnd durch ganz Kolberg und dann erst über die Persante-Brücke in das Land hinein.
Wenn wir zurückschauten, grüßten uns der mächtige Turm des Kolberger Domes mit seinen grünen Kupferdächern und das steile Dach des Schiffes. Durch Wiesen und hügeliges Feld keuchte die Lokomotive die Strecke entlang und ließ vor Bahnübergängen und Stationen kurze Pfiffe hören.

An jeder Station war Aufenthalt. Milchkannen und Güter wurden verladen, manchmal wurde ein Waggon abgehängt. Die Lokomotive ließ dann den Zug einfach stehen und rangierte einen Güterwagen an die Verladerampe. Dann hängte sie sich wieder vor und zuckelte weiter. Allmählich leerte sich der Zug. Die anderen Kinder stiegen alle aus, so daß wir die letzten waren. Zuletzt fuhren wir durch einen großen Wald.

An der Endstation in Stolzenberg wartete schon Emil mit dem gelben Kutschwagen. Die beiden Braunen warfen ungeduldig die Köpfe und scharrten mit den Hufen. Kutscher Emil strahlte und holte die Koffer aus dem Zug. Wir streichelten zur Begrüßung die Pferde und stiegen in den Wagen, sobald Emil mit den Koffern kam. Er setzte sich auf den Bock, nahm die Zügel, und die Braunen trabten los. Sie waren kaum zu halten.

So rollten wir in scharfem Trab die Chaussee entlang: rechts und links Wiesen, dann ein Ellernbruch, Fichtenwald und an den Waldrändern helle Birken, die Vater hatte pflanzen lassen. Bald tauchten rechter Hand die mit Hecken eingezäunten Fohlenkoppeln auf. Auf der einen blinkte ein kleiner See, in den die Pferde im Sommer in die Schwemme geritten wurden. Am Ufer stand ein offener Stall als nächtlicher Unterstand für die Fohlen. Linker Hand vor dem Waldrand lag der Friedhof, dann bogen wir ab in eine kleine Pappelallee, die gerade auf das Gutshaus zu führte.

Der Wagen rasselte über die gepflasterte Auffahrt, Emil lenkte ihn mit Schwung durch den Sand um das Rosenrondell herum vor die Terrasse und hielt dort elegant mit einem Ruck.

Jedesmal, wenn wir in den Hof einfuhren, sprang uns Klunter entgegen, brachte die Pferde zum Scheuen und rannte bellend um die Kutsche herum. Er sprang uns an, daß wir kaum aussteigen konnten, legte seine Pfoten auf meine Schultern und leckte mir das Gesicht. Er war stets toll vor Freude, so sehr hatte er uns vermißt. Während der nächsten Tage lief er uns überallhin nach, und besonders von meiner Seite wollte er nicht weichen. Ich höre heute noch den dumpfen Plumps, wenn er sich spätabends vor meiner Zimmertür niederließ, um mich nachts zu behüten.

Einmal aber, zu den Herbstferien, kam er uns nicht entgegen. Zwar standen die Eltern wie immer auf der Terrasse, um uns zu begrüßen, aber Klunter fehlte.

Schon als ich Mutter küßte, fiel mir auf, daß sie mich etwas besorgt ansah. Und als ich fragte: »Wo ist denn Klunter?«, sagte Vater schnell: »Klunter ist tot. Er war krank. Du mußt das verstehen. Wir wollten ihn nicht leiden lassen.«

Da lief ich ins Haus, die Treppe hinauf in mein Giebelstübchen, warf mich auf mein Bett und starrte an die Decke. Ich wollte nicht begreifen, daß mein Spielkamerad, mein bester Freund, dem ich so oft meine Geheimnisse und Sorgen ins Ohr geflüstert hatte, nicht mehr dasein sollte. Und abends weinte ich mich in den Schlaf.

Eines Tages ging Mutter mit mir und Jutta zum Schuster Molzahn. Er sollte uns Schuhe anmessen. Das war eine große Sache, denn im und nach dem Krieg war das Leder knapp. Er zog ein Stück schwarzes Leder hervor und brummte: »Nu ist dat oll Unjetüm doch noch tau wat nütz.«

Mutter wurde verlegen und sagte schnell: »Ja, denkt mal, Kinder, nun wird euch Klunter jedem ein Paar schöne Schuhe schenken!«

Das Stück Leder war also Klunters Haut gewesen. Mutter hatte sie gerben lassen, und wir bekamen jeder ein Paar Schuhe davon. Als wir sie das erstemal trugen, folgten uns unsere Hunde auf Schritt und Tritt. Sie schnüffelten schwanzwedelnd an unseren Schuhen, und wir konnten sie kaum loswerden. Aber weil es sonst nur Holzschuhe mit einem Oberteil aus Stoff gab, trugen wir am liebsten unsere Klunter-Schuhe, wie sie bald hießen.

Mutter wollte uns in den langen Sommerferien beschäftigen und hatte eine Gymnastiklehrerin aus Berlin engagiert. Wir waren ja, unseren Besuch mitgezählt, bald ein Dutzend Kinder.

Fräulein Stresau ließ uns jeden Morgen barfuß im taunassen Gras laufen, aber sie verstand es nicht, sich bei uns Respekt zu verschaffen. Schon ihr Name diente uns als Anlaß zu Heiterkeit. Dazu trug sie eine Haartracht, die man Tituskopf nannte, weil sie der Frisur des römischen Herrschers nachempfunden war. Und das machte sie in unseren Augen völlig lächerlich.

Wie wir keine Vorstellung von großstädtischen Sitten hatten, so hatte Fräulein Stresau keine Ahnung vom Landleben. Es kam also, was kommen mußte: Als Fräulein Stresau mit uns ein Theaterstück, »Das Zigeunerlager«, einüben wollte, sollte ich die Zigeunerkönigin spielen und tanzen. In einer Bodenkammer fand ich in Mutters Verkleidungstruhe einen weiten roten Rock, ein schwarzes Sammetmieder mit blitzenden Pailletten darauf und flache Goldkäferschuhe, dermaleinst Großmutters Ballschuhe. Ich war begeistert von diesem Fund. Schon allein dieser Schätze wegen lohnte sich das ganze Theaterstück. Aber ich hatte meine Rechnung ohne Fräulein Stresau gemacht.

Der Rock fand Gnade vor ihren Augen, aber das heißbegehrte Mieder sollte ich weglassen und dafür meine alte Bulgarenbluse anziehen. Auch die vielbewunderten Goldkäferschuhe wurden verworfen. Ich sollte barfuß tanzen.

Ich bat, es flossen Tränen, es gab Wutausbrüche – nichts half. Da löste ich grollend das ganze Zigeunerlager auf. Wozu war ich denn eine Königin? Fräulein Stresau ging voll Zorn zu meinen Eltern und reiste ein paar Tage später ab.

Mit schlechtem Gewissen schlich ich umher. Vater strafte mich, indem er die Angelegenheit überging, aber in seinen Augenwinkeln schien mir ein lächelndes Verstehen zu blitzen.
Es war ja auch viel schöner, wenn der ländliche Friede nicht gestört wurde. Wir hatten an den vielen Besuchern, die unser Haus bevölkerten, genug Abwechslung und Kurzweil. Mutter selbst hatte die größte Freude daran, das junge Volk zu unterhalten.
Sie ließ sich aus einer Musikalienhandlung in der Kreisstadt die »Quadrille à la cour« schicken und machte selber am Klavier sitzend den »Maître de plaisir«. Wir mußten in zwei Karrees antreten, und sie gab, während sie spielte, die verzwickten Kommandos. Was haben wir dabei gelacht und uns amüsiert! Unsere Quadrille war vergnüglicher als jemals später ein glänzender Ball.
Am tolpatschigsten stellte sich dabei der Eleve und Löns-Verehrer Herr Kirner an. Er verwechselte dauernd die einzelnen Touren. Dazu behielt er hartnäkkig zum Tanzen seine schweren Feld-Wald-und-Wiesenstiefel an. Wahrscheinlich protestierte er in seinem Innersten gegen diese Vergewaltigung seiner Löns-Natur.
Trotzdem verlobte sich Herr Kirner später mit meiner Cousine Christa. Am nächsten Tag nach der Verlobung mußte er aber zu seinem Verdruß und unserer Schadenfreude für einige Tage das Bett hüten. Erfüllt von seiner Bräutigamseligkeit und in

höheren Regionen schwebend, war er, ohne es zu merken, in den Schweinepark geraten, den Sommerauslauf der Borstentiere, wo ihn plötzlich der riesige Eber, wütend über den Störenfried in seinem Bereich, von hinten angriff.
Die Folgen waren ein großes Loch im lederbesetzten Hosenboden und ein kleineres im verlängerten Rücken. Von nun an nannten wir die abendliche Milchsuppe, die es abwechselnd als Kliebensuppe, mit kleinen Klößchen, oder glatte Mehlsuppe gab, den »sanften Heinrich«, denn Herrn Kirners Vorname war Heinrich.
Wer den Schaden hat, braucht für den Spott nicht zu sorgen.

Nachdem Herr Kirner seine beiden Lehrjahre absolviert hatte, kam als sein Nachfolger ein Eleve namens Spiegel. Er trug einen Kneifer und hatte infolgedessen bei den Leuten sofort seinen Spitznamen weg: »Veiroog«, das heißt Vierauge.
Der arme »Veiroog« war so dünn und elend, daß es aussah, als könne man ihn umblasen. Es war uns unbegreiflich, wieso gerade dieser schmächtige Jüngling aus der Großstadt – er kam aus Berlin – sich dem landwirtschaftlichen Beruf zuwenden wollte.
Nach einem halben Jahr gab er dann auch auf. Vorher allerdings versetzte er, unschuldig schuldig, das ganze Haus in Aufregung und Schrecken. Denn

eines Tages sagte Vater bei Tisch: »Herr Spiegel, vergessen Sie bitte nicht, nachher Hofmeister Pinnow zu fragen, was er heut nacht um drei vor unsrer Schlafzimmertür gewollt hat. Ich hörte ihn gleich wieder umkehren. Auch neulich nachts schien es mir schon einmal so zu sein. Ich dachte, er wolle mir vielleicht ein krankes Tier melden.«
Dadurch aufmerksam geworden, sagte die Mamsell: »Ja, ich hab' mich unlängst nachts auch so erschreckt. Jemand drückte meine Türklinke auf und ging wieder fort. Ich dachte, es sei Nachtwächter Schünke gewesen.«
»Komisch«, sagte Vater, »da muß doch was nicht stimmen. Also, Herr Spiegel, fragen Sie dann bitte gleich mal nach!«
Der Eleve legte plötzlich Messer und Gabel hin, wurde abwechselnd bleich und rot und stammelte: »Entschuldigen Sie bitte vielmals, das werde wohl ich gewesen sein. Ich bin nämlich mondsüchtig.«
Jetzt war es, als sei die Tischrunde erstarrt. Etwas Unfaßbares war geschehen: Es gab einen Mondsüchtigen in unserem Haus! Wir blickten verlegen auf unsere Teller und wagten Herrn Spiegel nicht anzusehen. Vater räusperte sich und sagte dann: »Es ist gut. Von nun an wird nachts die Zwischentür zum Flur vor dem Zimmer der Eleven abgeschlossen«, worauf wir in unserer Phantasie Herrn Spiegel im Nachthemd sich auf dem Hof im Mondenschein ergehen sahen. Wir atmeten auf, als er vorzeitig seine Lehrzeit beendete.

Sein Nachfolger war ein junger Mann, an dem wir bald eine verblüffende Ähnlichkeit mit einem unserer Dackel feststellten. Deshalb nannten wir ihn wie diesen Murrjahn. Weil aber der junge Mann hübsch Klavier zu spielen verstand, war ihm seine Hundeähnlichkeit gern verziehen.
Zugleich mit Murrjahn kam von einem der umliegenden Güter aus der Stolper Gegend ein Herr von Puttkamer als Wirtschaftseleve zu uns. Er war sehr klein wie fast alle Puttkamers und hatte mit seinen neunzehn Jahren bereits eine vollendete Glatze aufzuweisen.
Das kleine Puttchen, wie wir ihn bald nannten, war der erklärte Liebling aller. Vom ersten Tage an machte er unsere Streiche mit. Ja, ich habe ihn eigentlich immer nur lachend und strahlend gesehen. Bis auf das eine Mal, als das winzige Puttchen während einer Tollerei hochsprang und mit dem Kopf gegen ein Wandbrett stieß, wobei eine schöne französische Fayence in Trümmer ging. In dieser Hinsicht verstand Mutter keinen Spaß, und es folgte auch ein bitterböses Strafgericht, denn von Puttchens Entschuldigungen wurde das zerbrochene Porzellan ja nicht wieder heil.

Puttchens große Leidenschaft war das Tanzen. Oft haben wir nach dem Abendessen im großen Eßzimmer, das mit spiegelndem Linoleum ausgelegt war, um die Tafel herumgetanzt. Dazu drehte abwechselnd einer von uns den alten Leierkasten, der noch aus Großmutters Kinderzeit stammte. Nach der eintönigen Melodie der »Klosterglocken« konnte man sich freilich nicht drehen, dafür aber nach den Klängen der »Liebeslaube«, des »Daß mich die Weiber so gerne haben« oder des »Dollarwalzers«. Dazu ließ es sich herrlich tanzen. Der alte Leierkasten ersetzte uns ein ganzes Tanzorchester. Schon Mutter und Großmutter hatten nach den jeweiligen Melodien ihrer Zeit zur Leierkastenmusik getanzt.

Großmutter liebte es, wenn ich ihr vorsang. Sie hatte in ihrer Jugend selbst eine schöne Altstimme gehabt und Gesangsunterricht genommen. Deshalb empfahl sie, für mich während der großen Ferien eine Gesangslehrerin zu engagieren.

Aus Berlin kam eine Dame mittleren Alters, die Schwägerin eines berühmten Dirigenten. Sie leitete in Berlin eine Gesangsschule und übernahm es, mich gegen freien Landaufenthalt einige Wochen zu unterrichten.

Wegen der Kürze der Zeit lernte ich nur ein paar grundlegende Übungen und begann dann sofort mit dem Vortrag von kleinen Liedern. Fräulein T. fand, daß ich eine Naturstimme hätte, die nur wenig der Schulung bedürfe, und so sang ich weiter, wie mir der Schnabel gewachsen war, und kümmerte mich wenig um die Regeln der Kunst. Im Gegenteil, ich fand Fräulein T.s Hinweise auf meine Fehler höchst unerträglich und hatte wenig Vertrauen in

ihre Methode, denn ihre eigene Stimme reizte uns stets zum Lachen.
Sie sang, daß es dröhnte, laut, aber nicht schön. Oft bat man sie untertänig und dringend um einen Gesangsvortrag, um dann im Hintergrund vor Kichern fast zu platzen. Ich, die ich Fräulein T. zu ihrem Gesang begleiten mußte, merkte das natürlich und konnte mich ebenfalls kaum beherrschen. Zum Glück blieb Fräulein T. von unserer Albernheit ungerührt. Sie war von ihrem Vortrag selbst so hingerissen, daß sie nichts anderes bemerkte.

In die Herbstferien fiel die »Kranzköst«, das Erntefest. Ein alter Brauch ging ihm voraus: das »Binden«. Wer ein Kornfeld betrat, das gemäht wurde, der wurde von den Schnittern »gebunden«.
Daß es wieder soweit war, sahen wir alljährlich daran, daß Vater und die Jungens mit flatternden bunten Seidenbändern am Arm auf den Hof geritten kamen. Mutter fuhr mit uns dann nachmittags zu dem Roggenschlag hinaus, der gerade gemäht wurde. So ein unübersehbar großes Kornfeld in Hinterpommern muß man zur Zeit der Mahd gesehen haben! Eine Mähmaschine gab es damals bei uns noch nicht. Zu unseren eigenen Leuten kamen während der Ernte dreißig bis vierzig polnische Schnitter hinzu. In langer Reihe standen die Männer, und ihre Sensen rauschten im Takt gleichmäßig durch das Korn.

Den Mähern folgten die Mädchen und Frauen, die mit geschickter Hand die Garben banden und zu Stiegen aufsetzten. Bei dieser Arbeit trugen sie als Sonnenschutz große Strohhüte. Die Polinnen unterschieden sich von unseren Frauen durch die Farbe des Bandes, das sich um den Hut schlang. Die Preußinnen trugen ein schwarzes Band, die Polinnen ein rotes. Der Zusammenklang von Schwarz und Rot, die hellen Hüte, das satte Gelb des reifen Korns, das silberne Blitzen der Sensen und darüber das klare Blau des weitgespannten Himmels – ein unvergeßliches Bild.
Sobald wir aufs Feld kamen und abgestiegen waren, trat das Vormädchen auf uns zu, um uns zu »binden«. Aus einigen langen Strohhalmen, an denen die vollen Ähren hingen, wand sie uns ein gedrehtes Band um den Oberarm. Auf das Strohband steckte sie bunte Bänder und Schleifen. Während des »Bindens« sagte das Mädchen folgenden Spruch:

Ich habe vernommen,
Der Herr (die Frau, das Fräulein)
Ist aufs Feld gekommen.
Ich will ihn binden
Mit schönen Bändern,
Mit lieblichen Sachen.
Viel Komplimente
Kann ich nicht machen.
Das grobe Band
Um die zarte schlohweiße Hand.

Ist das Band auch schlecht,
So ist der Wunsch doch recht.
Ich tu es nicht
Um Bier und Branntwein,
Sondern um die Ehre
Vom Herrn allein.

So »gebunden« mußten wir uns nun mit einem Geldgeschenk loskaufen. Wir Kinder gaben einen Taler, den Mutter uns kurz vorher mit der Mahnung ausgehändigt hatte, ihn nur ja nicht zwischen den Stoppeln des Feldes zu verlieren. Vaters und Mutters Tribut war sicher höher, denn abends wurde dies Geld von den Schnittern im Dorfkrug gemeinsam »umgesetzt«. Durst hatten sie nämlich immer.
Manchmal erlaubte Vater, daß eins von uns Kindern den Kaffeewagen aufs Erntefeld nachfahren durfte. Das war das auch als Hebammenwagen bekannte Gefährt, mit dem die lahme Näherin Berta vom Nachbardorf geholt wurde oder noch öfter die Hebamme vom Städtchen.
Zur Erntezeit standen sechs oder zehn große Milchkannen voll schwarzem Kaffee hinten auf dem Wagen. Eine Menge Blechbecher lagen daneben. Die Hitze auf dem Feld war groß, und die Arbeit war schwer. Kein Wunder, daß der Kaffeewagen ständig von Durstigen umlagert war.
Wenn der letzte Erntewagen zum Scheunentor hereingeschwankt war, wurde für den nächsten Sonnabend das Erntefest angesetzt. Tagelang vorher feg-

ten und schrubbten die Mädchen den riesigen Kornspeicher. An den gekalkten Wänden entlang wurden als einfache Sitzgelegenheiten Bretter auf niedrige Böcke gelegt, und in einer Ecke baute man ein Podium, auf dem die acht Mann starke Blaskapelle ihren Platz haben sollte. Am Eingang neben der Speichertür ließ Vater große Waschkörbe mit Wecken aufstellen und daneben Fässer mit Bier und Schnaps. Hier waltete während des Festes Hofmeister Pinnow seines Amtes. Er mußte weise einteilen, sonst kam es im Laufe der Nacht zu Raufereien.

Am Tage der »Kranzköst«, nachmittags um drei Uhr, versammelten sich alle Hausgenossen auf der Terrasse. Vom Dorf her hörte man schon die Pauke dröhnen, und bald darauf bog der Festzug um die Ecke der Hofeinfahrt.

Vorn marschierte Hofmeister Pinnow, der den Schritt angab. Neben ihm trippelte Nixe, seine alte Terrierhündin, die sich auch an diesem Tag nicht von ihrem Herrn trennen wollte. Es folgten die Bläser, die aus voller Lunge in ihre Instrumente bliesen und dadurch den Paukenschläger zu einem immer kräftigeren Schlag ermunterten.

Hinter der Kapelle schritt erhobenen Hauptes stolz Zitzkes Marie, die einzige und immerwährende Jungfrau des Dorfes. (Ihre späte Ehe blieb kinderlos.) Marie trug als Vormädchen auf langer Stange die Erntekrone. An dieser Krone hatten alle Mädchen des Dorfes mitgearbeitet. Ein Kranz aus vol-

lem Ährenstroh und vier strohumwundene, mit bunten Papierblumen besteckte Bögen bildeten die Krone, von der breite Seidenbänder herunterhingen.
Die Krone war sehr schwer, und Marie stützte die Stange fest auf ihren vorgeschobenen Bauch, wobei sie die Füße einwärts setzte. Hinter Marie marschierte in Viererreihen der lange Zug der Dorfleute. So zogen sie vors Haus. Die Kapelle spielte »Nun danket alle Gott«, und wir sangen alle mit.
Dann kam Marie die Freitreppe herauf und postierte sich vor Vater, der ihr einige Stufen entgegengekommen war. Und während ihr der Schweiß über das Gesicht lief, sprach sie das lange Kranzgedicht.
Wie jedes Jahr stand ihre Mutter hinter ihr und half ihr ein, wenn sie nicht weiterwußte. Ich war immer richtig mit erlöst, wenn am Schluß das sich stets gleich bleibende Verslein kam:

Der Herr wollen so freundlich sein
Und nehmen mir ab mein Krönelein.

Vater nahm ihr die dargereichte Krone ab und gab sie an die Eleven weiter, die sie an der Stelle der vorjährigen, die ein ganzes Jahr die Diele geschmückt hatte, aufhängten. Die alte Erntekrone kam auf den Kornspeicher, wo sie an einem Balken befestigt wurde.
Nun war Vater dran und hielt den Leuten eine kurze

Rede, während der die Männer ihre Mützen in den Händen drehten und die Frauen die Arme über ihren vom vielen Gebären und von der schweren Arbeit hohen Leibern kreuzten. Danach trat Hofmeister Pinnow vor, sagte den Dank der Leute und ließ Vater und unser ganzes Haus hochleben. Dann sangen alle »Deutschland, Deutschland über alles«, und nach einer Pause, während der der Zug sich wieder ordnete, zogen wir gemeinsam, die Herrschaft voran, mit einem flotten Marsch zum Kornspeicher.

Dort nahmen die Musikanten auf dem Podium Platz und spielten einen Rheinländer. Das war der einzige Tanz, den Vater tanzen konnte, und er mußte ja mit Marie, dem Vormädchen, den Erntetanz eröffnen. Drei Runden auf der großen Tanzfläche, das war schon eine Anstrengung. Mutter folgte mit dem Hofmeister, und ich mit Kutscher Emil. Bald drehten sich auch alle anderen fröhlich im Kreise.

Die Eltern zogen sich bald zurück, um die Leute ihrem Vergnügen zu überlassen. Wir Kinder durften bis zehn Uhr mithalten und ließen keinen Tanz aus. Vor allem Puttchen konnte nun ausgiebig seiner Tanzlust frönen. Zwar war er gut einen Kopf kleiner als ich, aber weil er ein wirklich ausgezeichneter Tänzer war, machte mir das nichts aus.

Puttchen war es auch, der bei uns die modernen Tänze einführte, denn bisher tanzte man Rheinländer, Polka, natürlich auch Walzer und die sehr beliebte Kreuzpolka. Besonders gern tanzte Puttchen

mit Freundin Guste , da war der Größenunterschied nicht so gravierend. Es war ein Spaß, den beiden zuzusehen, besonders wenn sie modern tanzten.
Immer wieder wurden die Musikanten mit einer Lage Bier – die Gläser stellten sie sich zu Füßen – aufgefordert, noch einmal »Siehste woll, da kümmt er« anzustimmen:

Siehste woll, da kümmt er,
Lange Schritte nimmt er.
Siehste woll, da iss er schon,
Der verliebte Schwiegersohn.

In der Ecke steht er,
Seinen Schnurrbart dreht er.
Seinen Schnurrbart muß er dreh'n,
Wenn er will zum Liebchen geh'n.

Punkt zehn Uhr schickte Vater herüber und blieb unerbittlich, so ungern wir uns auch von dem herrlichen Tanzvergnügen trennten. Nachher im Bett hörte ich noch lange den Fiedeln und dem Baß zu und träumte vom Erntetanz.
Am nächsten Abend, sonntags also, erschien bei Vater eine Abordnung junger Burschen und fragte verlegen grienlaffend, ob sie noch ein bißchen auf dem doch nun einmal ausgeräumten Kornspeicher tanzen könnten. Vater gab stets die Erlaubnis, und jedesmal sagte er wieder: »Aber um Punkt zwölf ist Schluß, damit ihr mir nicht morgen zu miesepetrig

an die Arbeit geht. Und benehmt euch anständig!« Strahlend zogen die Burschen ab, und bald hörte man sie zur Ziehharmonika tanzen.

Das nächste große Ereignis nach der »Kranzköst« war die Einquartierung, die jedes Jahr anläßlich der großen Herbstmanöver zu erwarten war. Als Vorläufer kamen stets die Quartiermacher.
Vater ließ einen der Schafställe als Unterkunft für die Soldaten herrichten, eine Menge frisches Stroh hineinschleppen, auf dem die Soldaten schlafen sollten, Bänke und Tische zimmern und vor dem Stall aufstellen. Im Hause richteten die Mädchen die Fremdenzimmer für die Offiziere her. Und dann hörten wir eines Tages in der Ferne auf der Chaussee Getrappel von vielen Pferden. Die Regimentsmusik spielte einen flotten Marsch, und bald erfüllte eine Schwadron Soldaten den Hof mit regem Treiben.
Wir sahen zu, wie die Soldaten ihre Pferde pflegten, ihre Uniformen bürsteten und immerzu – so schien es uns – die blanken Knöpfe daran putzten. Der lange Schwengel der Pumpe vor dem Pferdestall war in dauernder Bewegung, denn es waren eine Menge Pferde zu tränken. Die Soldaten pfiffen und sangen bei der Arbeit. Aufgeregt und neugierig, wie wir waren, konnten wir mit der Nase nicht dicht genug dabeistehen.
Eine Gulaschkanone stand ständig unter Dampf,

und am liebsten hätten wir auch einen Schlag aus dem Kessel mitgegessen. Für die Offiziere stellte Mutter üppige Menüs zusammen, es gab den besten Wein aus dem Keller und nach Tisch die besten Zigarren.

Zu unserem Leidwesen blieb die Einquartierung nur zwei oder drei Tage. Wenn die Soldaten mit klingendem Spiel wieder abzogen, liefen wir neben der ganzen Dorfjugend mit und winkten mit unseren Taschentüchern so lange hinterher, bis wir die Fähnlein an den Lanzen der Ulanen nicht mehr sehen konnten.

In unserem Gästebuch stand dann, daß man sich für die großartige Aufnahme herzlich bedanke. Die Offiziere hatten ihren Namen daruntergesetzt. Das Gästebuch hat sich bis heute erhalten. Mit seinen vielen wunderschönen Gedichten ist es eine Quelle der Erinnerung.

Gegen Kriegsende wurde das große Hauptquartier nach Kolberg verlegt. Hindenburg wohnte im Hotel »Bellevue« auf der Münde.

Die Schüler des Dom- und des Realgymnasiums, die Mädchen des Lyzeums und die Mittelschüler hatten sich vor dem Hotel aufgestellt, um den Marschall zu begrüßen. Es war ein bitterkalter Tag – über zwanzig Grad Kälte –, aber wir harrten frierend und klappernd über eine Stunde aus, bis endlich Hindenburg mit seinem Stab vorfuhr.

Auf den Stufen des Hoteleingangs hob er die Hand mit dem Marschallstab zum Gruß und betrat dann das Hotel. Da aber seine Zimmer im ersten Stock lagen, kletterten die Jungens auf die Laternen und die hohen Bäume vor dem Hotel, um vielleicht etwas von dem berühmten Gast zu sehen. Zu ihrer Enttäuschung wurden die Gardinen zugezogen, aber nach einer Weile trat Hindenburg auf den Balkon. Jetzt flogen die Schülermützen in die Luft, und »Hoch! Hoch!« schallte es über die Promenade. Die meerblauen Mützen der Gymnasiasten, die grünen der Mittelschüler: Es war wie blaue See und grünes Land.
Wir Schülerinnen der U II des Lyzeums beschlossen, dem Feldmarschall zum Geburtstag seinen Lieblingskuchen, eine Sandtorte, zu backen. Wir sammelten die Zutaten, und unsere Hausdame besorgte das Geschäft des Backens. Darum gehörte ich auch zu der Abordnung aus drei Mädchen, die von der Klasse auserwählt wurden, die Torte feierlich zu überreichen. In weißen Handschuhen trug ich die Torte, als wir uns auf den Weg machten. Vor dem Hotel versperrten uns die Posten den Weg und bedeuteten uns, wir müßten erst zur Wache und uns eine Ordonnanz erbitten. Die Wache aber befand sich im »Strandschloß«, unten im Keller. Schlotternd vor Aufregung stiegen wir hinunter. Da saß ein Haufen Soldaten und hielt sich vor Lachen die Seiten, als wir mit unserer Torte dastanden und nicht recht wußten, was wir sagen sollten.

Schließlich erbarmte sich ein sehr forsch aussehender junger Soldat und trabte mit uns zum Hotel zurück. Er lotste uns durch die Wachen, wir standen plötzlich in einem mit rotem Plüsch und Spiegeln ausgestatteten Aufzug – die erste Fahrstuhlfahrt meines Lebens! – und dann auf dem Gang vor Hindenburgs Hotelzimmer. Wir hörten Stimmen und das Geklapper von Teelöffeln, unvermutet öffnete sich die Tür und – fertig zum täglichen Spaziergang im Park, stand Hindenburg groß und breit vor uns.

Liebenswürdig fragte er nach unserem Anliegen, und ich sprudelte aufgeregt und ein bißchen zitterig hervor: »Die Untersekunda des Lyzeums gibt sich die Ehre, Herrn Generalfeldmarschall diese Torte zu überreichen.«

Hindenburg lächelte, sein Adjutant nahm mir die Torte ab, der alte Herr gab jeder von uns die Hand und fragte nach Namen und Herkunft, während wir im Knicks versanken.

Auf dem Heimweg nahmen wir uns fest vor, unseren rechten Handschuh einrahmen zu lassen, nahmen aber doch mit Rücksicht auf unsere Klassenkameradinnen davon Abstand, denn was konnten sie dafür, daß nur wir drei Bevorzugten und nicht alle dreißig von Hindenburg empfangen worden waren.

Die Kriegsereignisse brachten es mit sich, daß eine Anzahl Kinder aus dem Baltikum nach Kolberg kamen, die fast alle zum baltischen Landadel gehörten. Wir schlossen mit den liebenswürdigen und gewandten Mädchen schnell und unkompliziert Freundschaft.

Einer von ihnen war ich besonders zugetan. Ihr Vater hatte eine kleine Wohnung in unserer Straße gemietet, ging aber wieder in den Osten zurück und überließ seine Tochter der Obhut einer Hausdame. Vera von M., meine baltische Freundin, war ein verwöhntes und zartes Mädchen. Ihre Mutter – sie war tot – stammte aus einem russischen Fürstenhaus. Vera sprach mit russischem Akzent und war mir mit ihrer Welterfahrung weit überlegen. Sie kannte Paris und Petersburg und hatte bei einer berühmten russischen Tänzerin Ballettunterricht gehabt. Zeugen dafür waren ein Paar winzige seidene Ballettschuhe und ein Ballettröckchen.

Kein Wunder, daß ich Vera anbetete. Sie lieh mir »Anna Karenina«, und ich hörte andachtsvoll zu, wenn sie mit der größten Selbstverständlichkeit von ihren Reisen erzählte. Vera hatte in der Schule immer schneeweiße Brötchen dabei, die mit Käse belegt waren, den ich doch so gerne aß. Darum tauschte Vera ihre Käsebrötchen gegen mein gutes Landbrot mit Mutters guter Landwurst.

Nach einem halben Jahr gab es einen schmerzlichen Abschied, denn Vera folgte ihrem Vater nach Paris. Sie hinterließ einen Hauch der großen Welt, die ich nicht kannte. Und eine Ahnung der Gefahren dieser Welt.

Was würde mich wohl draußen im Leben erwarten? Die einstigen Untersekundaner waren inzwischen schon Studenten, die in den Semesterferien in ihrer Heimatstadt mit uns auf den Studentenbällen im »Strandschloß«, im »Baltenhof« und in »Pickels Festsälen« tanzten. Auf die Schülerbälle, den »Lämmerhupf«, sahen wir nun mit Naserümpfen hinab.
Eines Tages war es dann soweit, daß wir in der Aula unserer Schule das Reifezeugnis empfangen sollten. Als wir zum letztenmal unser Klassenzimmer betraten, fanden wir auf jedem Platz ein weißes Blatt vor. Sauber durchgepaust, war darauf ein Gänsestall zu sehen, dem mit heftigem Flügelschlagen und weit aufgerissenen Schnäbeln eine Anzahl Gänse entflatterten. Hinter der offenen Stalltür aber saß mit gespitzten Ohren und gierig heraushängender Zunge der böse Fuchs, als würde er sich schon das Maul lecken. Darunter stand: »Hinaus in die Ferne mit Schnättereng-Gick-Gack!«
Als wohlgemeinte Warnung war das Blatt gedacht. Wir verdächtigten zuerst unseren Zeichenlehrer, dann die Primaner des Gymnasiums, die vielleicht mit Hilfe des Schuldieners diese Blätter eingeschmuggelt hatten. Aber herausbekommen haben wir nie, wer sich diesen Spaß erlaubt hat.

Im Anschluß an die Schulzeit sollte ich zu Hause die Führung des großen Gutshaushaltes erlernen – oder, wie Muttchen Rakow sagte: »auf den Rittergutsbesitzer dressiert werden«. Ich trat an die Stelle eines der beiden Wirtschaftslehrlinge, die alle zwei Jahre wechselten. Unter Mutters strengem Regime wurde ich wie jeder andere Wirtschaftseleve ausgebildet, aber ich hatte heimliche Helfer.

Als ich zum erstenmal ein Huhn schlachten sollte, rannte ich mit ihm zum alten Nachtwächter Schünke, der mir dieses Geschäft abnahm. Dieses flügelschlagende Federvieh zum Zwecke des Verspeisens vom Leben zum Tode zu befördern, habe ich nie gelernt. Es war geradezu unheimlich, wie lebendig diese Hühner waren. Nachdem mir einmal Schünke wieder zwei dieser Geschöpfe geschlachtet hatte, brachte ich sie schnell in die Speisekammer und legte sie auf die Futterkiste. Dann war es Zeit zum Mittagessen. Als ich nach einer halben Stunde wieder in die Speisekammer kam, waren die Hühner verschwunden. Nur eine zerbrochene Mehltonne zeugte noch von ihrem Vorhandensein. Die Mehltonne aber hatte auf einem Wandbord gestanden, das in zwei Meter Höhe an der Wand angebracht war. Auf diesem Bord, hinter Büchsen und Gläsern, lagen meine Hühner. Da mußten sie hinaufgeflogen sein. Ohne Kopf!

Nun sollte ich sie auch noch ausnehmen! Die Mädchen in der Küche hatten ihren Spaß an meinem Getue und lachten sich halb tot. Im Grunde waren sie selig, ihr Fräulein Lieselottchen wieder im Haus zu haben. Sie meinten, nun gehe es doch beim »Wurachen« wieder richtig lustig zu. Und das war

auch gut so, denn der Arbeitstag im Gutshaushalt war lang.
Früh um einhalb fünf Uhr rasselte der Wecker auf meinem Nachttisch. Mit einem Satz war ich aus dem Bett, machte flüchtig Toilette und ging hinunter in die Küche, wo Hulda bereits vor dem Herd kniete, um Feuer zu machen. Die Zöpfe baumelten ihr lose um das Gesicht, und wenn das Feuer brannte, verschwand sie schnell wieder in ihrer Kammer.
Ich rannte mit einem großen Eimer und dem Butterkorb, in dem ein Zettel mit der Bestellung der täglichen Mengen an Butter, Käse, etcetera lag, über die Kellertreppe zum hinteren Ausgang und zum Butterhaus, wo in langer Reihe die großen Milchkannen standen, in denen die Milch vom Abend vorher gekühlt wurde. Hier wartete schon Milchkutscher Kammholz mit dem Milchwagen. Er fuhr jeden Morgen in das nächste Dorf zur Molkerei. Die Schweizer hoben die Kannen auf den Wagen und füllten mir den Eimer voll Milch. Ich reichte Kammholz den Butterkorb auf den Bock, dann zogen die beiden schon recht betagten Milchgäule August und Klüter mit »hüh« und »hott« an.
Morgens um vier und abends gegen sechs wurde gemolken. Tagelöhnermädchen halfen den Schweizern. Sie sangen beim Melken traurige Lieder: von dem Jüngling, der, kaum zwanzig Jahre alt, sein junges Leben lassen mußte, oder von der stolzen Maid, die Nonne wurde. In langgezogenem Singsang klagten sie:

Es ging ein Jäger jagen,
Wohl in das Tannenholz
Da begegnet ihm auf der Ra-aise
Ein Mädchen, und das war stolz.
Wohin du Stolze, du Feine,
Wohin steht dir dein Sinn?
Deine Seele, die sollst du la-a-ssen
Bei einem Jäger stolz.

Ich soll meine Seele lassen,
Bei einem Jäger stolz?
Viel lieber will ich verlassen
Das grüne Tannenholz.
Da zog er von dem Finger
Ein goldnes Ringelein:
Nimm's hin, du Schöne, du Feine,
Dies soll dein Denkmal sein!

Was soll ich mit dem Denkmal?
Was soll ich damit tun?
Leg du es in deinen Kasten,
Und laß es darin ruhn!
Der Kasten ist verschlossen,
Der Schlüssel ist verlor'n.
O wäre ich armes Mädchen,
O wär' ich nie gebor'n!

Jetzt zieh' ich aus dem Städtchen,
Jetzt zieh' ich aus der Stadt.
Jetzt hab' ich gesehen mein Mädchen,

Das ich geliebet hab'.
Da kam sie angegangen,
schneeweiß war sie jekleidt,
Ihre Haare, die waren beschni-i-tten,
Zur Nonne war sie bereit.

Oder:

Ein Jüngling zwanzig Jahre alt,
Der liebte einst ein Mädchen.
Er mußte fort, er wurd' Soldat,
Ihr zärtlich Herz tat brechen.

Und als er einst auf Urlaub kam,
Schwiegermutter stand vor der Türe:
Guten Tag, guten Tag, feins Mütterlein,
Wo habt Ihr Eure Tochter?

Feins Liebchen hat zu lang gewart',
Bis sie hat müssen ins kühle Grab.
In der Kammer liegt sie auf frischem Stroh,
Morgen früh wird sie begraben.

Und als er in die Kammer trat,
Zwei Kerzen sah er brennen.
Zur Seite ihr zwei Jungfrau'n steh'n,
Die bitter um sie weinen.

Da zog er raus sein blankes Schwert
Und stach sich in die Seite.

Weil du für mich gelitten hast,
Kann ich nicht länger leben.

Es gab noch mehr dieser uralten Gesänge, nur bekomme ich die Texte nicht mehr ganz zusammen:

Es ritt ein Reiter wohlgemut,
Zwei Federn trug er an dem Hut.
Die eine weiß, die andre rot,
Ihm deucht, als wär' sein Liebchen dod.

Und als er an den Waldrand kam,
Hört er die Glocken läuten.
Die Glocke tönt' so rosarot.
Ihm deucht, als wär' sein Liebchen dod.

Und als er an den Kirchhof kam,
Sah er die Gräber graben.
»Guten Tach, guten Tach, ihr Gräber mein,
Für wen grabt ihr dies Grab so fein?«

›Es ist gestorb'n 'ne Jungmamsell,
Für die grab'n wir das Grab so schnell.
Es ist gestorb'n 'ne Jungmamsell,
Für die grab'n wir das Grab so schnell.‹

Und als er in die Stube trat,
Sah er Feinsliebchens Särgelein.
Er nahm sein Messer rosarot
Und stach sich vor sei'm Liebchen dod.

So sangen die Mädchen im Kuhstall und in der Küche beim Geschirrspülen. Die Melkmädchen behaupteten steif und fest, daß die Kühe besser und schneller ihre Milch abgeben würden, wenn sie diesen seltsamen Gesang hörten. Er war wie ein Zaubermittel, das auf die Kühe wirkte.
Kam ich von meinem Gang zum Butterhaus zurück, dann kochte ich die Mehlsuppe, die es morgens gab. Hulda brachte Vater, der um diese Stunde schon an seinem Schreibtisch im Herrenzimmer saß, einen Teller und den Eleven ein großes Tablett mit gefüllten Tellern in deren Zimmer.
Dann ging es in den Hühnerstall. Die Klappen wurden geöffnet, die Nester vorbereitet, und die Hühner und Enten bekamen ihr Futter.
Schweinefütterer Fleischfresser kam wenig später in die Küche gepoltert, mit seinen viel zu großen Holzpantinen, um die Drangtonne zu holen, in die der tägliche Abfall geworfen wurde, soweit er sich verfüttern ließ. Kutscher Emil erschien, gefolgt von der winselnden und schwanzwedelnden Hundemeute, um das Hundefutter zu holen. Auch die fünf Katzendamen bekamen ihre Milch, und dann war es Zeit, das zweite Frühstück vorzubereiten, das pünktlich um halb acht auf dem Tisch stehen mußte.
Bis neun Uhr blieb der Frühstückstisch gedeckt, und alle, auch Besucher, konnten dazu erscheinen, wann es ihnen innerhalb dieses Zeitraums beliebte. Es gab Kaffee, Kakao und Milch oder Tee – wie es jeder haben wollte. Der Rum zum Tee stand auch

bereit. Als Aufstrich wurden neben der Butter verschiedene Marmeladen angeboten – Mutters Stolz: Pflaumenmus mit Walnüssen – und Honig, dazu Platten mit Aufschnitt, Schinken, Leberwurst, so fein wie Pastete, allerlei Käsesorten, gekochte Eier, Spiegeleier, Bratkartoffeln, Schweine- und Gänsesülze. Das klingt sehr reichhaltig für ein zweites Frühstück, man muß aber wissen, daß schon seit vier Stunden im Freien gearbeitet wurde. Die Männer jedenfalls hatten dann großen Hunger.

Punkt zwölf hatte das Mittagessen auf dem Tisch zu sein. Vater wurde ungnädig, wenn wir uns auch nur um eine Minute verspäteten. Pünktlichkeit sei die Höflichkeit der Könige, sagte er.

Hinter den Stühlen stehend, mußten wir auf Vater warten. Das jüngste Kind sprach das Tischgebet, und dann wurde mit ziemlicher Eile gegessen. Dabei durften wir nicht sprechen. Nur Vater stellte Fragen an die Eleven oder an den Volontärverwalter und gab seine Instruktionen. Er war auch der erste, der sich mit »Mahlzeit!« erhob, um sich zu einer kurzen Mittagsruhe in seinem Zimmer hinzulegen. Niemand durfte diese Mittagsruhe stören.

Nach dem langen Vormittag war auch ich weidlich müde. Ich ging in mein Giebelzimmer mit dem großen braunen Kachelofen und der tiefen Wandnische – früher war es das Schulzimmer gewesen – und legte mich auf das Sofa. Im Sommer ließ ich mich auf einem Rasenplatz im Garten nieder und träumte mit offenen Augen in den blauen Himmel.

Ein sanfter Wind bewegte Gräser und Wiesenblumen, und die Bienen summten – bis Hofmeister Pinnows Klapper wieder zur Arbeit rief. Die Klapper war eine ausgediente Pflugschar. Sie hing am Stamm eines Baumes hinter der Schmiede. Mit zwei kleinen Hämmern schlug Pinnow rhythmisch darauf. Ganz andächtig legte er dabei ein Ohr an die Pflugschar. Die freche Dorfjugend meinte: »Hei spählt.« Der Hofmeister hieß mit Vornamen Johann, abgekürzt Han, was einen ebenfalls rhythmisch gesprochenen Vers zur Folge hatte:

Hanucht hätt sich
In't Hose meßt,
In't Hose meßt,
In't Hose meßt!

Nun brachte Hulda den Kaffee ins Herrenzimmer, und Mutter besprach mit mir den weiteren Haushaltsplan. Lag nichts Besonderes vor, dann durfte ich Vater begleiten, der nur vormittags ritt, am Nachmittag aber lieber den Sternkieker vor den Dogcart spannen ließ. Das war eine willkommene Abwechslung, denn mit solchen Fahrten waren meist ein Bad im See, eine kleine Pirsch oder ein kurzer Besuch auf einem Nachbargut verbunden.
Auf einer dieser Fahrten trafen wir im Wald den dicken Herrn Klemper mit seinem jüngsten Töchterchen. Während sich die Herren unterhielten, warf ich der Kleinen eine Seerose in den Schoß, die

ich beim Baden gepflückt hatte. Aber Herr Klemper beförderte die arme Seerose mit dem Peitschenstiel wieder aus dem Wagen und rief: »Pfui! Die ollen Totenblumen!«
Ich hatte nicht an den Aberglauben gedacht, der die schönen Seerosen zu Unglücksblumen stempelte.
Herr Klemper war der dickste Mann, den es in der ganzen Umgebung gab. Reiten konnte er nicht mehr, denn es gab kein Pferd, das seine Last hätte tragen können. Er wog wohl so seine dreieinhalb Zentner. Darum hatte er sich einen sogenannten Reitwagen bauen lassen, mit dem er auf die Felder kutschierte. Das war ein niedriges Fahrgestell auf vier Rädern mit einer Mittelplanke. Die Füße fanden auf zwei niedriger angebrachten Längsbrettern Platz. So saß man im Reitsitz auf der Mittelplanke. Es war sehr ulkig, wenn der dicke Mann, seine vier Söhne und das Töchterchen wie die Orgelpfeifen hintereinander im Reitsitz durch die Gegend ruckerten, denn der Wagen war ungefedert, was die Bewegung ersetzen sollte.
Wenn der dicke Klemper, wie er allgemein genannt wurde, verreiste, bestellte er ein Extraabteil bei der Eisenbahn, in das er sich mit Hilfe des Schaffners mühsam hineinquetschte. Jedes Jahr fuhr er zur Kur nach Marienbad. Dort ist er dann während einer Kur gestorben, und man erzählte sich davon die gruseligsten Geschichten. Er habe in keinen Sarg gepaßt, und die Ärzte hätten ihn zersägen müssen. Tatsächlich wurde der Zinksarg, in dem er in sein

Erbbegräbnis gebracht wurde, nicht mehr geöffnet. Aus diesem Grund mag dieses Gerücht aufgekommen sein, gab es doch nicht allzuviel dort auf dem Lande, was die Phantasie hätte anregen können. So ergriff man dankbar jede Gelegenheit.
Noch lange Zeit war der dicke Klemper Gesprächsthema zu vorgerückter Stunde, und er hätte wohl selbst mitgelacht, wenn er noch gelebt hätte, denn er war ein fröhlicher Mann gewesen, der die Genüsse dieser Welt zu schätzen wußte.
War der Tag zu Ende, saßen wir nach dem Abendbrot sommers oft noch auf der Terrasse. Die Eleven spielten Zither oder die Handharmonika, es wurde gesungen, geneckt und gelacht: verdiente Entspannung nach der Arbeit des Tages.

Alle vier Wochen war Waschtag. Aus dem Dorf kamen dazu vier Frauen: die Sökelsche, die Pinskesche, die Drewsche und die Graunken. Solange sie in der Waschküche im Keller in brodelndem Dampf schrubbten, sah man nicht viel von ihnen. Wenn sie aber damit fertig waren, wurde ein Leiterwagen angespannt, die Frauen stellten die Körbe mit der Wäsche darauf, und es ging zur Mühle, eine gute halbe Stunde Wegs.
Am schäumenden Mühlbach banden die Frauen die Kopftücher ab, knieten sich auf große Steine, schlugen mit flachen Brettern, die einen kurzen Stiel hatten, die Wäsche tüchtig aus und spülten sie so

lange in dem rasch fließenden Wasser, bis dieses ganz klar blieb. Nach einer lustigen Frühstückspause am Mühlteich banden sich die Frauen ihre Kopftücher wieder um und fuhren singend heim.
Im Winter wurde die Wäsche in großen Bottichen an der Pumpe vor dem Pferdestall gespült. Die Pumpe war dann ganz vereist, und es gab nur einen dünnen Wasserstrahl. Es war nicht leicht, die Bottiche zu füllen, und das kalte Wasser biß in die Hände.
Getrocknet wurde die Wäsche im Sommer auf einem der großen Rasenplätze im Garten. Sie blieb über Nacht hängen. Mutter sagte: »Der Mondschein bleicht sie schöner als die Sonne.« Im Winter kam sie auf den obersten Kornboden und blieb dort hängen, bis sie ausgefroren war.
Wenn die Wäsche getrocknet war, wurde sie gesprengt und gelegt und im Rollkeller neben der Waschküche gerollt. Die Rolle war ein Ungetüm, wie man es heute nur noch im Museum sieht. Auf einem schön geschnitzten Untergestell aus altersbraunem Eichenholz lag eine starke Eichenplatte, die vom langen Gebrauch spiegelblank war. Über die blanke Holzplatte glitten zwei Rollen, auf denen ein großer Kasten ruhte, der mit mächtigen Feldsteinen gefüllt war, damit er das richtige Gewicht hatte.
An der Vorder- und Rückseite dieses Kastens waren Handgriffe, die Stellmacher Drews und Nachtwächter Schünke an der einen, Gärtner Krause und

Schmitte Franz an der anderen Seite anpackten – vier gestandene Männer also.

Einer der Wirtschaftlehrlinge rollte Wäschestücke auf eine dritte Rolle. Nun zogen die Männer mit vereinten Kräften den schweren Kasten nach einer Seite und drückten ihn dort mit ihrem ganzen Körpergewicht herunter, daß er hochkippte. Die freigewordene Rolle nahm der Lehrling heraus und legte die bewickelte Rolle an ihre Stelle. Dann brachten die Männer den Kasten wieder in seine waagerechte Lage und schoben und zogen ihn auf den Rollen hin und her, bis die Wäsche steifgewalzt war wie ein Brett und die Damaststücke glänzten.

In der Plättstube nebenan standen derweil die Mädchen an den Bügelbrettern. Wenn die Handtücher und die Tisch- und Bettwäsche auch sorgfältig gerollt waren, so mußten die kunstvoll gestickten Monogramme dennoch von links geplättet werden. Außerdem wartete eine große Menge Stärkewäsche darauf, mit dem Eisen wie neu gebügelt zu werden.

In einer Ecke der Plättstube stand ein Ofen aus Lehm. In seiner offenen Feuerstelle wurden die eisernen Einsätze für die Plätteisen bis zur Glut erhitzt. Es war sauber und warm in der Plättstube. Die Mädchen schwatzten und sangen. Brachte ab und zu ein Knecht neue Holzscheite herein, flogen Scherzworte hin und her.

Die mit bestickten Bändern gebundenen Wäschepacken ordnete Mutter in die großen eichenen

Spinde auf der Diele ein. Diese Schränke waren mit rotem Satin ausgeschlagen. Auf den weißen, rotlanguettierten Leinenbordüren entlang der vier Fächer stand mit roten Kreuzstichbuchstaben gestickt folgender Spruch:

Geblüht im Sonnenwinde,
Gebleicht auf grüner Au,
Liegt still es nun im Spinde
Als Stolz der deutschen Frau.

Im Herbst, wenn die Felder bestellt waren, saßen in der Plättstube nach dem Gänseschlachten Taglöhnermädchen an langen Tischen, um Federn zu reißen. Um den Kopf trugen sie zum Schutz gegen umherfliegende Daunen Tücher. Die gerissenen Federn wurden in Beutel sortiert: die gröberen Federn für Unterbetten, hauchweiche Daunen für Kopfkissen und Oberdecken. Die Mädchen durften nicht viel sprechen, um das unnötige Fliegen der Federn zu vermeiden. Darum las einer der Kochlehrlinge Geschichten vor. Manchmal trug auch ich Märchen und Gedichte vor, und die Mädchen hörten andächtig zu.
Wenn das Federnreißen beendet war, wurde der Raum zur Spinnstube. Auch ich mußte das Spinnen lernen und verstand bald, einen gleichmäßigen Faden zu ziehen. So schnell die Spulen sich drehten, so flink gingen die Zungen der Mädchen:

»Na, nu friejt je Alma denn nu bald«, begann Frieda. »Jea, wetst noch«, spann Olga den Faden weiter, »an Meta'n ähre Hochtid?«

Da prusteten sie los, und Ernas schrille Stimme übertönte den Chor: »Dei hett keeke, as't Paste sejt har, sei schull ähne Kranz afnähme!«

Hulda fuhr schadenfroh fort: »Soi müßt dat Ding up't Kirchenschwell läje.«

»Ach Herrjeh! Ach Herrjeh!« lachten die Mädchen los und schlugen sich vor Vergnügen auf den Mund. »Dat war wat!« Den Kranz durfte nämlich nur eine »reine« Braut tragen.

Eine Kranzhochzeit war selten, und eine Kranzbraut wurde hoch geehrt. Die Braut zog, Kranz und Schleier über dem Arm, mit ihren Brautjungfern und den Hochzeitsbittern, die lange weiße Schleifen am Jackenaufschlag trugen, mit Musik vor das Gutshaus. Mutter nahm sie in Empfang und verschwand mit der Braut im Salon. Dort nahm das Mädchen auf einem grünen Samtpuff vor dem großen Empirespiegel Platz, der zwischen den Fenstern hing, und Mutter steckte ihr Kranz und Schleier auf. Dies war für mich jedesmal eine Sensation, und ich stand mit der Nase dabei, damit mir nichts entging. Mutter fragte: »Ist's gut so?«

Und die Braut stammelte beglückt: »Wie gnä' Frau es machen, so is't rächt.«

Inzwischen war der Bräutigam vor dem Haus erschienen und wurde von Vater mit einem Glas Wein bewirtet. Dann geleiteten Vater und Mutter

das Brautpaar auf die Terrasse, wo die Musik sie mit einem Tusch empfing. Der schwitzende Bräutigam und die krebsrote Braut stolperten die Freitreppe hinunter, kletterten in die Kutsche, den »Zuwagen«, den Vater spendierte, und fuhren ins Kirchdorf.
Über eine Braut aber, die keine Kranzbraut war, sich aber aus eigener Machtvollkommenheit dazu gemacht hatte, spotteten die Mädchen.
»As sei werr rute keime«, ging das Gelächter weiter, »sett sei sich demm werrer up.«
Und Else schrie: »Blossich oan Spägel satt hei nu scheip up'n Kopp!«
Als sich die Mädchen ausgelacht hatten, setzte Frieda drauf: »Ik har mi dat gliek dacht. D'ull Preister was do streng in.«
Die Spinnräder schnurrten weiter. Mutter kam herein und prüfte, ob die Fäden gleichmäßig gezogen wurden, und erst als sie wieder gegangen war, lästerten die Zungen weiter.
»Vähl schlimmer was dat noch mit Czibullas Berta. Dei was all trecht mit Kranz und Schleier, un'd Brutmann koam nich. Äh'r Braurer ging nach'm ›Krümmkraug‹ up't Vorwerk, wo hei wohnt. Na joa, dat wär je denn 'n halw Stunn Weech, un doa sitt Willi in sine Stuw und sächt janz ruhig: ›Weneier koam ji?‹ – ›Du häst doch hüt Hochtid‹, sächt Franz. ›Ich hev Halsweidach‹, sächt Willi. – ›Nu koam doch blossich, Berta is doch all trecht!‹ – ›Nee, nee‹, sächt Willi, ›sei vertelle sich, sei is je nu doch ni mehr so . . .‹« So blieb die arme Berta sitzen.

War genug gesponnen, wurde der große Webstuhl aufgestellt. Seine alten Balken trugen buntes Schnitzwerk in verblaßten Farben. Unsere ganze Hauswäsche wurde auf diesem Webstuhl gewebt, und ich lernte es auch. Später konnte ich in der Stadt stolz meine selbstgewebten Handtücher vorweisen. Feine Tischwäsche ließ Mutter beim Damastweber in der Kreisstadt weben. Ich habe drei solche Tischtücher durch alle Wirren der Zeit gerettet; eins für zwölf Personen hat meine Tochter bekommen und eins meine Enkelin.

Während der Beerenzeit fuhr ich mit den Mädchen zur Beerenernte in den Wald. Himbeeren und Blaubeeren wuchsen dort in großer Fülle, und wir schafften ganze Wassereimer und große Holzwannen voll Beeren in die Küche. Mutter ließ herrlichen Saft davon kochen.
Viel Arbeit gab es auch, wenn das Obst gepflückt wurde. Dazu wurden wieder die Mädchen aus dem Dorf bestellt. Sie sangen und kicherten im Garten zwischen den Sträuchern. Vom frühen Nachmittag bis zum Abend dampfte der Herd in der Küche, und wir füllten Hunderte von Weckgläsern.
Einmal im Jahr wurden die Karpfenteiche abgelassen. Wenn der Wasserspiegel sich immer mehr senkte, begann das Wasser in der Mitte des Teiches plötzlich zu brodeln, und die schuppigen Fischleiber sprangen und glänzten in der Sonne.

Die Knechte stiegen in hohen Wasserstiefeln in den Morast und fischten mit Stangennetzen die Fische heraus. Sie wurden nach Art und Größe in Bottiche und Eimer sortiert und in die für ihren weiteren Verbleib bestimmten Teiche gebracht. Besonders vielversprechende Karpfen setzte man in ein an den Seiten ausgemauertes Bassin im Garten aus, das von einer Quelle mit frischem Wasser gespeist wurde.
Über diesen sogenannten Graben führte eine breite Brücke, deren einzelne Bretter man hochnehmen konnte, um so die Fische bequem herausholen zu können. Zu beiden Seiten des Grabens waren Johannisbeersträucher angepflanzt, die mit ihren überhängenden Zweigen Schatten spendeten. Dort unten im dämmrigen, moorigen Grund lagen die dicken Karpfen und flitzten hervor, wenn ich mich an Sommerabenden auf die Brücke setzte und die Füße in dem kühlen Wasser badete.

Zu Anfang und zum Schluß des Winters wurden Schweine geschlachtet. Dies verrichtete, wie bereits erwähnt, Schäfer Sökel auf einem kleinen Hof hinter dem Schweinestall.
Das Schwein wurde mit dem Hinterlauf an einen Pfahl gebunden, Schäfer Sökel stellte sich vor das Tier und schlug kräftig mit dem stumpfen Ende einer schweren Axt auf den Schädel. Das Tier fiel betäubt um, und Sökel stach sofort in den Hals.

Eine Frau rührte das heiße Blut, das in eine Schüssel strömte. Eine Stunde später hing das ausgeschlachtete Tier zum Auskühlen am Eingang zu den Wirtschaftsräumen.

Mutter ließ immer einen Hirsch schießen, wenn Schweine geschlachtet wurden, weil sie fand, daß Hirschfleisch der Wurst ein besonders gutes Aroma verlieh. Die Wurst, die Mutter machen ließ, war bei den Nachbarn in der ganzen Gegend berühmt wegen ihres besonderen Geschmacks.

In der Küche standen, wenn geschlachtet wurde, große runde Holzwannen. Drei oder vier Frauen aus dem Dorf kneteten darin mit hochgekrempelten Ärmeln das durchgedrehte Fleisch. Mutter ging in weißer Schürze von Wanne zu Wanne, trug ein kleines Tablett mit verschiedenen Gewürzen in einer Hand, und mit der anderen streute sie die jeweils richtige Gewürzmenge in die verschiedenen Wurstsorten. Dann thronte sie auf einem erhöhten Sitz am weißgescheuerten Küchentisch und gab Anweisungen, wie lange die Grütz-, Blut- und frischen Leberwürste gekocht werden mußten, und sie bestimmte, in welcher der beiden Räucherkammern die Dauerwürste und die Schinken in den Rauch kommen sollten.

Auch Vater steckte den Kopf zur Tür herein und fragte, ob er sich abends auf sein geliebtes Wellfleisch freuen könne. Mittags gab es Wurstsuppe und Schwarzsauer, Sülze und delikate Saucischen. Nachher hatten die Mädchen alle Mühe, die Fett-

spritzer von den roten Ziegelsteinen des Fußbodens zu waschen. Wie jeden Tag wurde der Küchenboden mit feinem weißem Sand bestreut, nachdem er gründlich gescheuert war. Mit Wasser brauchten die Mädchen ja nicht zu sparen, denn in einer Ecke unserer großen Gutsküche stand eine eiserne Pumpe. Diese Pumpe in der Küche war geradezu ein Luxus. Woanders mußten die Mädchen zum Wasserholen zur Hofpumpe laufen.
Abends gingen die Mädchen mit gefüllten Wassereimern von Zimmer zu Zimmer, um in den Waschgeschirren nachzufüllen, was über Tag verbraucht worden war. Wenn sie die Schlafzimmer betraten, banden sie sich eine große weiße Schürze um, die Bettschürze, die in jedem Schlafzimmer an einem Haken hinter der Tür hing. In diesen Schürzen machten sie auch morgens die Betten und räumten auf.

Kam die Zeit der Treibjagden, hatten wir schon Tage vorher das Haus voller Gäste. Vaters Bruder Erich aus Berlin, andere Onkel und Vettern kamen angereist. Wir wetteten, ob mein Patenonkel Erich, der mir als Kind ein goldenes Herz an einer goldenen Kette geschenkt hatte, wieder Jagdkönig werden würde, oder ob vielleicht einer der Vettern aus den Kadettenanstalten Köslin und Lichterfelde größeres Jagdglück hätte.
Ins Revier fuhren die Jäger auf dem Jagdwagen und

hinterher die Treiber auf einem Leiterwagen. Wir Frauen kamen um die Mittagszeit nach und brachten das Essen zu einer vorher bestimmten Lichtung. In großen Töpfen, die in Stroh verpackt waren, damit sie schön heiß blieben, waren Erbsensuppe und Bigosch, der Jägerkohl: Sauerkraut mit gewürfeltem Schweinefleisch. Dazu gab es Kornschnaps. Waren wir angelangt, bliesen die Förster zum Sammeln, und die Jäger fanden sich nach und nach ein. Sie setzten sich auf ihre auseinandergeklappten Jagdstöcke, und die Mädchen brachten ihnen das Essen. Die Treiber, die Säcke über Kopf und Rükken gezogen hatten, um sich vor Schnee und Tannennadeln zu schützen, aßen auf dem Leiterwagen, an dem bereits eine stattliche Anzahl Hasen und Füchse hing. Nachdem wir wieder abgefahren waren, hörten wir noch aus der Ferne das Geschrei der Treiber, knallende Schüsse und die Hunde, die meldeten.

Nach der Jagd erwarteten wir die Jäger auf der Terrasse. Onkel Erich warf zwei Füchse mitten unter uns und rief: »Jagdkönig!« Die Herren zogen sich um. Im Frack erschienen sie zum Jagdessen mit ihren Damen, die inzwischen aus der Nachbarschaft eingetroffen waren und den Herren die Anzüge nachgebracht hatten.

Quer durch zwei Zimmer war eine lange Tafel gedeckt. Das Essen dauerte lange. Die Herren wurden nicht müde, Jagdgeschichten zu erzählen und Jägerlatein aufzutischen. Vater zeigte dabei voll Stolz einen Achtzehnender, dessen Geweih unter anderen Jagdtrophäen im Herrenzimmer hing. Während er in seinem Revier mehr Damwild hatte, überwog bei den Nachbarn das Rotwild. Die Jugend tanzte indessen auf der Diele, wo Gärtner Krause uns mit seiner Ziehharmonika zum Tanz aufspielte.

Wie die Herren und Damen aus der Nachbarschaft in Vaters Revier und zu Festen in unser Haus kamen, so wurden auch wir auf die Nachbargüter eingeladen. Im Sommer waren es meist Gartenfeste und Tanzereien, zu denen wir auf die Nachbargüter gebeten wurden.
Bei Klempers war von den vier Söhnen einer wilder und derber als der andere. Ich konnte sicher sein, daß der älteste, sobald es zum Tanz ging, auf mich zuschoß. Aber kaum hatte er mit mir die erste Runde durch den Saal gedreht, tropfte ihm der Schweiß so heftig von der Stirn, daß mir die Tropfen in den Ausschnitt meines Kleides kullerten. Dann stammelte ich irgend etwas von einem aufgegangenen Schuhband, um in den Park entfliehen zu können.
Der große Park der Klempers war ganz verwildert. Es standen herrliche alte Baumgruppen darin, unter deren einer Friedrich der Große gerastet haben soll. Spiele wurden arrangiert, bei denen es kleine Geschenke zu gewinnen gab, und auf einer erhöhten Gartenterrasse war ein fliegendes Büfett aufgestellt.

Von dort sah es wunderschön aus, wenn die jungen Mädchen in ihren weißen Kleidern, mit bunten Schärpen geschmückt, zwischen den dunklen Büschen des Parks umherhuschten, während die älteren Herrschaften sich auf den Wegen ergingen und sich über die ausgelassene Jugend freuten.
Die nächtlichen Heimfahrten, oft bei Vollmondschein, waren der schöne Abschluß eines so frohen Tages. Ich saß mit Vorliebe auf dem Kutschbock neben dem hühnerblinden Emil, um ihn heimlich um alle gefährlichen Wegstellen herumzudirigieren. Es wurde unterwegs kaum gesprochen; man war müde und hing seinen Gedanken nach. Der Wagen fuhr leise und federnd durch den Wald, hin und wieder schnaubte eines der Pferde, ein Käuzchen flog auf und begleitete uns ein Stück von Baum zu Baum. Bald klapperten die Pferdehufe auf der Auffahrt, und Nachtwächter Schünke mit seinem Spieß und Dackel Racker erwartete uns schon. Wenn ich dann in mein vom Mondenschein sanft erhelltes Zimmer trat, wehten mir die Gardinen, vom Luftzug bewegt, wie weiße Schleier entgegen. Draußen zirpten die Grillen, und die nächtlichen Stimmen wiegten mich in den Schlaf.

Nach zwei Jahren war meine Lehrzeit beendet. Ich war froh darüber – aber auch traurig. Ein neues Leben sollte beginnen, was würde es mir bringen? Zum Geburtstag, es war der neunzehnte, schenkten mir die Eltern eine »Bildungszeit« in Berlin. Am Vortag meiner Abreise nahm ich trotz aller Vorfreude Abschied, ohne zu wissen, daß ich nicht mehr zurückkehren sollte.

Ich ging noch einmal die vertrauten Wege, über den Hof, zwischen den Scheunen hindurch, dann ein Stückchen Chaussee und den Pfad unter den alten Kastanien entlang zum Dorf.

Da standen auf der einen Seite des gepflasterten Dammes die ziegelroten Tagelöhnerkaten. Davor Blumengärtchen mit eben angespitzten Staketenzäunen, hinter denen hohe Asternbüsche blühten. In den kleinen Fenstern unter den niedrigen Dächern standen Blumentöpfe mit blühenden Myrthen und Tränenden Herzen.

Die Tagelöhnerfrauen in ihren Blaudruckschürzen und dunklen Kopftüchern nickten mir zu und grüßten: »'n Dag ok!« Der Gleische Ganter, der ewig zu leben schien und vor dem ich immer weggerannt war, wenn er mir flügelschlagend und zischend an die Beine fuhr, watschelte müde über die Straße. Hühner pickten zwischen den Steinen und flogen gackernd auf, wenn der Hahn sie jagte.

Am Ende des Dorfes stand noch immer die halbversackte Lehmkate mit dem eingesunkenen Strohdach, das Hüske genannt, die Vater schon lange abreißen lassen wollte. Aber der »olle Zeblin«, der darin wohnte, wollte nicht in so ein »neumodisches« Steinhaus ziehen und war nicht aus dem Hüsken herauszubringen. »Hie hev ik lävt, hie will ik stawe«,

meinte er stets, und damit mußte Vater sich zufriedengeben.
Auf der anderen Seite des Dammes, den Katen gegenüber, standen die Holzschuppen, wo die Männer nach Feierabend ihr Holz kleinmachten.
Ich ging weiter zum alten Friedhof, der links von einem baumbestandenen Karrenweg auf einem Hügel lag. Er war von alten, vom Blitz gespaltenen Pappeln und hohlen Weiden beschattet. Der Zaun war verfallen, die Pforte hing schief in ihren Steinangeln. Die Gräber, überwuchert von Gestrüpp und Gebüsch, waren nicht mehr zu unterscheiden. Hier und da eine alte Inschrift, die ich nicht entziffern konnte, eine Jahreszahl, 1600 und wieviel?
Hier schliefen sie dem Jüngsten Tag entgegen, die vielleicht noch im Dreißigjährigen Krieg zu Schaden gekommen waren. Niemand störte sie, denn dies war ein »toter Kirchhof«, auf dem längst keine Beerdigungen mehr stattfanden. Der neue Friedhof lag hinten am Waldrand, ein gutes Stück vom Hof entfernt.
Am Fuß des Hügels, über die moosbewachsene Mauer aus losen Feldsteinen hinweg, sah ich die hohen Kastanienbäume, die den Weg zum Schulhaus säumten. Die Fenster standen weit offen. Mit kräftigem Geigenstrich, so daß es ein bißchen klirrte, gab der Lehrer die Melodie, und die Kinder fielen ein:

Wenn in stiller Stunde Träume mich umweh'n,
Bringen frohe Kunde Geister ungeseh'n,
Reden von dem Lande meiner Heimat mir,
Hellem Meeresstrande, düsterm Waldrevier.

Weiße Segel wiegen sich auf blauer See,
Weiße Möwen fliegen in der blauen Höh,
Blaue Wälder krönen weißen Dünensand.
Pommernland, mein Sehnen ist dir zugewandt.

Jetzt bin ich im Wandern, bin bald hier, bald dort.
Doch von allen andern treibt's mich immer fort.
Bis in dir ich finde wieder meine Ruh',
Send' ich meine Lieder dir, o Heimat, zu.

Epilog

Zum Schluß möchte ich noch einer Frau gedenken, die ich geliebt habe, vielleicht gerade deshalb, weil man über sie lächelte. Das war Tante Hannchen. Sie war Vaters Cousine und wohnte in Halle an der Saale, wo Vater in jungen Jahren Landwirtschaft studiert und während dieser Zeit bei ihrer Familie gewohnt hatte.

Jedes Jahr kam sie zu Besuch. Obgleich Tante Hannchen eine »alte Jungfer« war, hatte sie sich ein frohes Herz bewahrt; sie war immer guter Laune und voller Späße.

Sie war Künstlerin, zog mit einem Puppentheater herum und malte. Ich schwärmte schon als Kind für sie und begleitete sie oft, wenn sie auf Motivsuche ging. Dann trug ihr ein Dorfjunge Staffelei und Malkasten nach. Und während sie die Farben mischte, saß ich auf einem Baumstamm oder hockte auf einem Stein und sah zu, wie das Werk wuchs.

Tante Hannchen malte alles. Selbst unseren Schweinepark. Und immer wieder rief sie begeistert aus: »Kinder, wißt ihr auch, in welchem *Paradies* ihr hier aufwachst?«

Das Bild vom Schweinepark hing später an einem Ehrenplatz in unserer Wohnung, als ich schon längst verheiratet war und mein Jugendparadies schon lange verlassen hatte. Auch mein Mann, der sehr kritisch war, was Malerei anbelangte, fand den Schweinepark eines solchen Ehrenplatzes wert.

Die Kiefernstämme auf dem Gemälde erglühten im Schein der untergehenden Sonne. Das Grau der großen Schweinehütte, der »Sommervilla«, wie wir sagten, war vornehm wie das Kostüm einer Dame. Die rosafarbenen Schweine erinnerten an Neujahr, und der schräge Balken, an dem sich die Schweine schubbern konnten, erweckte angenehme Gefühle.

Den allzu blauen Himmel über den Kiefern allerdings übermalte mein Mann, weil er behauptete, daß es so einen blauen Himmel in Pommern nicht gebe. Dort sei der Himmel durchsichtig, und man könne bis in Gottes Vorgarten sehen, wenn man nur lange genug hineinsehe ...

Und als das Bild dann im Bombenhagel mit all den schönen Biedermeier- und Empiremöbeln aus Greifswald, Stralsund und Danzig verbrannte und auch die Kasperpuppen der Tante – die böse Hexe und die Prinzessin, der alte König und der lustige Kasper – zu Asche zerfallen waren, da sah ich Tante Hannchen vor mir, die nun schon lange tot war, wie sie mir unter Tränen lächelnd zuflüsterte:

»Sei tapfer, Liselottchen: Das einzige Paradies, aus dem wir nicht vertrieben werden können, ist die Erinnerung.«
Für mich ist es die Erinnerung an Pommern.